Colección LECTURAS DE ESPAÑOL

Lecturas de Español son historias interesantes, breves y llenas de información sobre la lengua y la cultura de España. Con ellas puedes divertirte y al mismo tiempo aumentar tus conocimientos. Existen seis niveles de lecturas (elemental I y II, intermedio I y II y superior I y II), así que te resultará fácil seleccionar una historia adecuada para ti.

En *Lecturas de Español* encontrarás:
- temas e historias variadas y originales,
- notas de cultura y vocabulario,
- ejercicios interesantes sobre la gramática y las notas de cada lectura,
- la posibilidad de compartir tu lectura con otros estudiantes.

NIVEL SUPERIOR - II

La última novela

Coordinadores de la colección:
Abel A. Murcia Soriano (Instituto Cervantes. Varsovia)
José Luis Ocasar Ariza (Universidad Complutense de Madrid)

Autor del texto:
Abel A. Murcia Soriano

Explotación didáctica:
Isabel Marijuán Adrián
Abel A. Murcia Soriano
Jose Luis Ocasar Ariza

Ilustraciones:
Miguel Alcón

Diseño de la colección y maquetación:
Antonio Arias Manjarín
Carlos Casado Osuna

Dirección Editorial:
Fernando Ramos Díaz

© Editorial Edinumen
© Abel A. Murcia Soriano
© Isabel Marijuán Adrián
© José Luis Ocasar Ariza

Edición: 2008

ISBN Lectura: 978-84-95986-66-5
ISBN Lectura con CD: 978-84-95986-60-3
Depósito Legal: M-19272-2008

Editorial Edinumen
José Celestino Mutis, 4 - Madrid (España)
Tlfs.: 91 308 51 42
Fax: 91 319 93 09
E-mail: edinumen@edinumen.es
Imprime: Gráficas Glodami. Coslada (Madrid)

La última novela

A ti, que andas oculto en estas páginas

ANTES DE EMPEZAR A LEER

1. La palabra "última" puede tener diferentes asociaciones tanto positivas como negativas. Intenta hacer una hipótesis de qué significado puede tener en este título. ¿Qué crees que se encierra detrás de ese "la última novela"? Escribe lo que imaginas y cuando acabes de leer, comprueba hasta qué punto tu idea era acertada.

   ....
   ....
   ....
   ....

2. El libro que tienes en las manos se titula *La última novela*. Muchas son las formas que puede adquirir la letra impresa, desde la novela hasta el diccionario, pasando por el periódico. En la columna de la derecha tienes algunas de esas formas, mientras que en la de la izquierda aparecen algunas palabras propias del mundo del libro y la prensa. Relaciónalas (una misma palabra puede tener varias asociaciones).

moraleja •	
capítulo •	• cuento
escena •	• novela
acto •	• drama
verso •	• artículo
columna •	• poesía
entrada •	• ensayo
introducción •	• manual
índice •	• diario/periódico
fecha •	• enciclopedia/
titular •	diccionario
trama •	
epílogo •	
prólogo •	

3. ¿Te gusta leer novelas? ¿Cuál es el último libro que has leído? ¿Te ha gustado? ¿De qué trataba? ¿Tienes un escritor preferido? ¿Por qué? Coméntalo con tus compañeros.

4. Imagina que un amigo tuyo te escribe y te pide que le recomiendes un libro. Escríbele un correo electrónico y háblale del mejor libro que has leído últimamente, o del que te hayan hablado. Piensa en: el título, el lugar donde se desarrolla la acción, los personajes principales, qué pasa... pero no le cuentes el final.

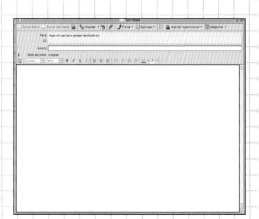

5. En la cubierta aparece una imagen relacionada de alguna manera con el contenido de la lectura. ¿Qué te sugiere? ¿Por qué crees que aparece esa imagen? Escribe lo que crees y comprueba más tarde el grado de coincidencia entre lo que creías y lo que sucede en la historia.

....

....

....

....

6. Toda novela puede ser vista desde dos perspectivas diferentes: la del escritor y la del lector. ¿Qué opinión te merece el oficio, la profesión de escritor? ¿Qué diferencias ves entre esa ocupación y otras ocupaciones? ¿Consideras que los escritores son o pueden ser, en cierta medida, la conciencia de la sociedad? Coméntalo con tus compañeros.

7. A continuación figura una serie de palabras en las que todas menos una mantienen una estrecha relación. Localiza la palabra intrusa.

a) protagonista   b) trama   c) intriga
d) acción   e) escritor   f) verso
g) poema   h) estrofa   i) soneto

frenazo: parada brusca y repentina de un coche.

dos caballos: modelo de coche de la marca Citroen, muy común en los años 70, asociado a un estilo de vida (progresista, de izquierdas, etc.).

tener un morro: (coloquial) ser un caradura.

chaval. Tío: expresiones apelativas coloquiales para referirse a un hombre.

quitar un peso de encima: aliviar a alguien que está preocupado por algo.

quedarse en blanco: no comprender lo que se oye o se lee y quedarse sin reaccionar o sin poder pensar.

Cuando oyó el **frenazo** del coche, se giró convencido de que era él. Lo había estado esperando durante casi una hora y no podía imaginar que fuera otra persona. Jorge salió de su **dos caballos** con aquella tranquilidad del que sabe que a pesar de llegar con retraso será disculpado.

−¡Aquí estoy! Un poco tarde pero ya he llegado. ¿Llevas mucho esperando?

Era una pregunta absurda. Habían quedado a las cinco y media de la tarde y eran ya la seis y cuarto. Eduardo pareció no concederle importancia a la pregunta.

−**Tienes un morro...** Bueno, ¿y?

−¿Y? ¿Y? ¿Qué "y"? ¿No te había dicho que yo lo arreglaba?, pues ya está arreglado. No creas, lo mío me ha costado. Que si es buen chico, que no, que seguro que no se repite, que claro, la falta de experiencia y esas cosas, pero al final ya ves, sigues en el proyecto, **chaval. Tío,** ¿podrías decir algo, no? ¿Qué?, ¿no te alegras?

A Eduardo la noticia **le había quitado un peso de encima,** pero con el peso había desaparecido también toda aquella tensión acumulada durante días. Sólo había oído aquello de "ya está arreglado", después su mente **se había quedado en blanco** y había caído en ese estado de quien a fuerza de haber esperado mucho no puede soportar ser desprovisto del sufrimiento de la espera.

Jorge seguía moviendo los labios y gesticulando como desde el otro lado de un televisor al que le hubieran quitado la voz y Eduardo sólo pudo llegar a entender las últimas palabras de un espacio de tiempo que nunca sería capaz de delimitar con exactitud.

en las nubes: pensando en otras cosas o con la mente lejos de la realidad.

su granito de arena: aportación, colaboración, ayuda.

hacer la vista gorda: aparentar que uno no se da cuenta de lo que hace otra persona, cuando no es así.

tabla de salvación: figuradamente, ser el último recurso o ayuda en algo.

–... *Laura. ¡Eduardo, tío, despierta! Yo aquí presentándote a una amiga y tú como siempre* **en las nubes**. *¿Se puede saber en qué estás pensando?*

Fue entonces cuando Eduardo la vio por primera vez. Allí delante de él, como salida de la nada, había una mujer que Jorge había llamado Laura. Eduardo creyó adivinar un gesto de Laura para estrecharle la mano y automáticamente le dio dos besos en las mejillas mientras intentaba encontrar algún saludo apropiado.

–¡Ah...!

–¿ "¡Ah...!"? ¿Eso es todo lo que se te ocurre? –soltó Jorge. *Llevo diez minutos explicándote que Laura también ha sido incorporada al proyecto y que también ha puesto* **su granito de arena** *para convencer a Carlos, y tú "¡Ah...!".*

–Perdona, Jorge...

– "Perdona...", "perdona...", tú te crees que un "perdona" lo soluciona todo y no, no es así. ¿No has tenido bastante con lo de los laboratorios? ¿Qué crees, que siempre van a **hacer la vista gorda**? *Pues no, tío, no, de eso nada. Ya va siendo hora de que vayas aprendiendo a relacionarte con la gente y de que salgas de esa torre de silencio en la que estás tú tan bien. Y además...*

–Jorge, creo que te estás pasando.

Eduardo, que estaba mirando fijamente a Jorge y hundiéndose poco a poco en el dolor que le producían sus palabras, no supo en un principio de dónde venía aquella voz, pero, al oírla tan sosegada y tranquila frente a la de Jorge, se cogió a ella como si de la última **tabla de salvación** *se tratase. Miró a su izquierda y se encontró con una leve sonrisa en los labios de Laura que le dio fuerza para intentar enfrentarse a Jorge.*

–Mira, si vas a seguir así...

encima: expresión coloquial para expresar una queja o desacuerdo.

dar al traste: hacer fracasar algo.

romper una lanza: salir en defensa o apoyo de algo o alguien.

acurrucarse: encoger el cuerpo, doblarse sobre sí mismo.

esperar a que pase el chaparrón: (fig.) esperar a que pasen las cosas malas o desagradables.

ponerse gallito: ponerse a la defensiva y atacar a otro mostrando orgullo.

follón: problema, lío.

–*¡Hombre, **encima**...! Resulta que voy a los laboratorios a explicar que nada, que Don Eduardo Rodón es una persona de suma confianza y que ha sido un error sin importancia el que ha estado a punto de **dar al traste** con todo el proyecto, que cuenta con todo mi apoyo... Por si fuera poco está allí Laura que cuando oye la historia se pone a **romper lanzas** por el caballero como si lo conociera de toda la vida... Sí, sí, todo eso mientras el señor **se acurruca** en un rincón y espera a que pase el chaparrón, y ahora vengo aquí y se me pone gallito.*

–*Jorge, –esta vez la voz de Laura había sonado más determinada– ya basta. Deberías entenderlo, ya sé que tú también has pasado lo tuyo pero no creo que la tengas que pagar con él. A fin de cuentas no lo has sacado del **follón** en el que estaba para hundirlo ahora en la más completa de las miserias, vaya, digo yo.*

A Eduardo le pareció estar oyendo a su abogado defensor y sintió una inmediata simpatía por Laura. Por primera vez se detuvo a mirarla. Desde su escaso metro sesenta y cinco, Laura, que rondaría el metro setenta, le pareció alta y quizá por eso el recóndito machismo de Eduardo apenas si había prestado atención a una mujer a la que para él la altura había desprovisto de feminidad. Traspasada la barrera de la altura, Eduardo se encontró a sí mismo haciendo aquello que tantas y tantas veces había criticado en sus compañeros de trabajo, vio cómo sus ojos recorrían la figura de Laura y por un momento se sintió sucio.

Laura había hecho lo propio con Eduardo minutos antes. Se había encontrado a Jorge enzarzado en una acalorada discusión en el despacho de Carlos.

–*Exageras, Carlos. Un error lo tiene cualquiera, y además yo creo que ha dado las suficientes pruebas de su valía como para que ahora llegues tú y por una tontería le des puerta.*

dar puerta: echar, expulsar.

–Una tontería, ¿eh?, una tontería que nos podría haber costado el proyecto. Si no llega a ser porque había olvidado la agenda electrónica en el despacho y tuve que volver para hacer una llamada urgente... ¡Joder con tus tonterías...!

–Vale, tienes razón, pero lo que cuenta es que no ha pasado nada, ¿no?

Laura había oído hablar del despiste de Eduardo al dejar abierta la puerta del frigorífico en el que guardaban las pruebas del suero en el que estaban trabajando. Podía haber sido grave, pero afortunadamente no había pasado nada y ella, movida por no se sabe qué extraño motivo, sintió que debía ponerse del lado del más débil, de Eduardo.

*–Carlos, ya sé que quizá **me meto donde no me llaman** pero la verdad es que deberás reconocer que es algo que le puede pasar a cualquiera. Sin ir más lejos, el otro día a ti se te pasó por alto controlar el dispositivo de seguridad del equipo de alimentación alterna... Imagina qué podría haber pasado...*

–Vaya hombre, no, si al final voy a ser yo tan culpable como él...

*–Pero si aquí no se trata de culpables o no culpables... –intervino Jorge–. Todos sabemos que Eduardo **ha metido la pata**, y que podía haber sido el final de todo esto, pero de ahí a que sin haber llegado a pasar nada tengamos ahora que echarlo, me parece que va un rato, ¿o no?*

–Mira, lo vamos a dejar porque está claro que esto no va a llegar a oídos de nadie más arriba, pero te juro, bueno, os juro, –Laura había dejado entrever una sonrisa de victoria tras las primeras palabras de Carlos– sí, sí, a ti también Laura, que una más como ésta y se le cae el pelo.

Después había abandonado el despacho de Carlos con Jorge, y cuando éste le brindó la posibilidad de acompañarlo para darle la noticia a Eduardo, la curiosidad de conocer a

meterse alguien donde no le llaman: opinar sobre asuntos que no le corresponden, que no tienen relación directa con uno.

meter la pata: coloquialmente, equivocarse, cometer un error, hacer algo inapropiado.

la persona de la que tanto había oído hablar y en cuya defensa había salido fue superior a todo lo demás y no dudó en aceptar. Ya en el coche, Jorge le había empezado a hablar de Eduardo, de sus continuos despistes, de su genialidad, de esto, de aquello..., y poco a poco, a medida que las palabras iban saliendo de la boca de Jorge, ella había ido conformando en su mente su propia imagen de Eduardo. Jorge había quedado con él cerca de casa de sus tíos, en la **calle Roger de Flor**, muy cerca de los juzgados, porque, como siempre, era allí donde Eduardo solía comer todos los miércoles. Todos los miércoles, como le contaría más tarde el propio Eduardo a Laura, porque era precisamente los miércoles cuando solía pasar por el zoo para observar a los monos, sobre cuyo comportamiento en cautividad estaba escribiendo su tesis doctoral, y como quedaba muy cerca de la casa de la hermana de su madre aprovechaba para ir a verla, comer decentemente, y discutir de política con su tío. Cuando en el **paseo de Lluís Companys** torcieron a la derecha en la **calle de Buenaventura Muñoz** y perdieron de vista el **Arco del Triunfo**, Jorge **soltó**:

–Míralo. Ahí está acera arriba y acera abajo... Sólo le falta el bolso...

Laura había dejado de escuchar a Jorge y había dedicado toda su atención a aquel hombre que paseaba nerviosamente delante de una sucursal de la **Caixa de Catalunya**. Por un momento pensó que parecía el cómplice novato en un atraco a un banco que se queda en el exterior para vigilar y que llama tanto la atención que acaba por hacer fracasar el atraco. Le hizo tanta gracia que rompió a reír a **carcajadas**. Jorge creyó que su chiste del bolso había sido graciosísimo y también se puso a reír.

–Le voy a preguntar cuánto quiere por un **numerito** –dijo Jorge, continuando en la línea que tanto creía que estaba divirtiendo a Laura.

---

calle Roger de Flor, paseo de Lluís Companys, calle de Buenaventura Muñoz: nombres de diferentes lugares y calles de Barcelona cercanos al parque de la Ciudadela.

soltar: coloquialmente, decir.

Caixa de Catalunya: una de las cajas de ahorros de Cataluña.

carcajadas: risa impetuosa y ruidosa.

numerito: acto raro, que llama la atención; aquí alusión a "servicio sexual".

*Laura había dejado de escuchar a Jorge y había dedicado toda su aten-
ción a aquel hombre que paseaba nerviosamente...*

Pero una mirada de Laura y el final de la carcajada die-
ron a entender a Jorge que no eran sus bromas lo divertido.
–¿Qué te hace tanta gracia?
–Nada, nada, una tontería... Así que ése es Eduardo.
Vaya, vaya.

Jorge no entendió aquel "Vaya, vaya", pero más preocu-
pado por encontrar aparcamiento que por jugar a las adivi-
nanzas con Laura, olvidó pronto el tema y una vez parado el
coche, salió al encuentro de Eduardo.

El "Vaya, vaya" había sido fruto de una rara fascinación
que Laura había sentido ya en los laboratorios, una fascina-
ción que en aquel momento tomaba cuerpo en aquel hombre
bajo pero proporcionado que vestía de una forma despreocu-
pada que parecía delatar su condición de científico y que a
Laura le pareció bastante original. Eduardo llevaba unos

Lois: marca españo-
la de ropa vaquera.

*viejos **Lois** descoloridos y una camisa blanca abotonada has-*
ta el cuello, lo que en pleno verano y en Barcelona no dejaba
de llamar la atención. Llevaba también una americana de
lino color hueso por la que ya habían pasado algunos años y

náuticos: tipo de za-
patos de estilo "mari-
nero".

*unos **náuticos** que seguramente sólo habían visto el mar des-*
de esa distancia prudencial que delimita el paseo marítimo
de toda ciudad costera pero que sin duda tenían ya muchos
kilómetros en sus suelas. Su cara era una cara agradable, una
cara de niño bueno que despertaba cariño, una cara dulce en
la que unos grandes ojos pardos brillaban con una luz de cu-
riosidad que parecía ver las cosas por primera vez. Con el
tiempo Laura llegaría a saber la profunda tristeza que aque-
llos ojos podían inspirar cuando lloraban y llegaría a cono-
cer todos los mundos que se mecían en los negros cabellos de
Eduardo cuando éste dormía. Así, cuando Eduardo miró por
primera vez a Laura, Laura ya había decidido que decidida-
mente aquel hombre le gustaba.

Eduardo, a su vez, al pasar una detenida mirada por el
cuerpo de Laura vio que ésta era muy delgada, lo que, vesti-

un no sé qué: una cosa, algo indefinido.

mohín: gesto hecho especialmente con la boca, para expresar enfado.

da como iba, con una larga falda de algodón color burdeos y una blusa de seda del mismo color, le concedía un aire prácticamente etéreo. Sus formas, que se insinuaban a través de la ropa, no eran provocativas y unidas a la armonía de su rostro y al ligero carácter oriental que parecía insinuarse en el contorno de sus ojos le concedían **un no sé qué** de espiritual que Eduardo no pudo entender en un primer momento. Más tarde se daría cuenta de que aquello no era sino el reflejo de una paz que él pocas veces antes había visto, el reflejo de un estado de ánimo permanente que sólo el viento se atrevía a alterar cuando entraba por los cabellos de Laura y los alborotaba, consiguiendo que ella esbozara un cierto **mohín** de disgusto.

Eduardo intentó romper la imagen que segundos antes había creado de persona arisca y reservada, y así, dejando de prestar atención a las recriminaciones de Jorge se dirigió a Laura y le dijo:

–¡Ah! Te llamas Laura... Y qué haces, ¿estudias o trabajas?

Había sido una pregunta automática, fruto de la desesperación por quedar bien y en el momento en que acabó la frase, Eduardo se dio cuenta de que estaba volviendo a hacer el ridículo. Laura había intentado controlar la risa, pero cuando Jorge salió al paso con aquel "–¿Bailas?", rompió a reír haciendo que Eduardo desease que se lo tragara la tierra.

Jorge, que no había renunciado a hacer sufrir a Eduardo, intentó seguir en el mismo tono:

–¿Tomamos algo?

Pero Laura no estaba dispuesta a que aquello continuara y le cogió inmediatamente la palabra.

–Eso, venga, vamos a tomar algo. Después de todo, habrá que celebrar que sigas en el proyecto, ¿o no? Jorge, a veces tienes ideas maravillosas. Bueno, ¿y? ¿qué proponéis?

Jorge sólo pudo encerrar en una mirada todo lo que aquella intervención de Laura le había hecho sentir pero no tuvo más remedio que aceptar su derrota y, si bien no tenía nada que hacer, optó por no aceptar la invitación.

–Oye, sabéis qué os digo, id vosotros, yo tengo que arreglar algunas cosas y ya se me ha hecho muy tarde...

–Jorge, –intervino Eduardo– no te querrás ir ahora. Después de lo que has hecho por mí... Tío, venga, joder, no te vayas ahora.

–No, mira, déjalo. Otro día será. De verdad, hoy no puedo.

Mientras decía las últimas palabras Jorge se acercó a Laura y le dio dos besos, le dio una palmada en el hombro a Eduardo y sin apenas dar tiempo a más cruzó la calle hasta donde tenía el coche aparcado en doble fila. Subió, sacó la mano por la ventanilla, y con un "–¡Adéu!" se despidió de ambos.

iadéu!: "¡adiós!", en catalán.

*Laura y Eduardo se quedaron solos en la acera, y, como dos desconocidos que eran, se encontraron preguntándose qué hacían allí y qué hacer para romper con la artificialidad de la situación. Lo primero, como si de una mala película se tratara, fue sonreír con una de esas estúpidas sonrisas que hacen parecer idiota o bobo, y que cuando salen en las fotografías provocan la **hilaridad** de los que las miran. Después, dado el primer paso, y cómplices en lo que de estúpido tenía la situación, se apresuraron a romper aquel silencio que los envolvía:*

hilaridad: risa.

–Bueno, y si... –empezó Laura.

–¿Te parece que... –dijo al mismo tiempo Eduardo.

Aquello había sonado a "Buetenopareycesique..." y los unió en una carcajada que se convirtió en la llave de aquella puerta de comunicación que habían estado intentando abrir.

Eduardo sonrió, alzó las cejas e hizo un ademán con la cabeza para que Laura acabase su frase.

–... fuéramos a dar una vuelta primero al parque de la Ciudadela?

–Querrás decir al parc de la Ciutadella –dijo irónicamente Eduardo que había notado un acusado acento catalán cuando hablaba Laura.

doncs podem par-lar català si vols, a mi tant se me'n fa: pues podemos hablar en catalán, si quieres, a mí me da igual.

–¡Ah! ¿Hablas catalán? **Doncs podem parlar català si vols, a mi tant se me'n fa** –Laura había oído en los laboratorios, en una de aquellas múltiples conversaciones sobre el castellano y el catalán, que había uno nuevo que hacía poco tiempo que estaba en Cataluña y que por eso no hablaba catalán. Había deducido que se trataba de Eduardo y ante su ataque había decidido pagarle con la misma moneda.

A Eduardo, que únicamente había intentado ser simpático, le molestó el tono de Laura y mucho más no entender lo que ésta le decía. Su cara expresó de manera inequívoca su enfado.

–Has empezado tú, que conste –dijo Laura, y en un intento de poner paz añadió:

–Vamos, venga, al parque-parc de la Ciutadella –mientras cogía de la mano a Eduardo y echaba a correr hacia el Paseo de Pujades.

La espontaneidad de Laura rompió toda la tensión que se había ido almacenando, y cuando llegaron al parque el episodio del catalán había quedado olvidado.

–Bueno, ¿adónde vamos? –preguntó Laura.

–Al zoo. ¿Quieres? –La voz de Eduardo sonó a la de un niño que ha esperado durante tiempo para poder hacer algo.

–Bueno, hace tiempo que no voy.

–Yo he ido esta mañana, pero me podría pasar todos los días allí encerrado. A veces pienso incluso en alquilar una jaula –dijo sonriendo Eduardo.

**dejar bastante que
desear:** ser menos de
lo esperado por los
demás.

disquisición: análisis
detallado.

ensimismado: meti-
do en sus cosas, muy
concentrado.

guiño: cerrar y abrir
rápidamente un ojo,
en señal de complici-
dad o picardía.

–*No estaría mal, pero no creo que tuvieras mucho éxito.
Como ejemplar humano **dejas bastante que desear**... –iro-
nizó Laura.*

–Graciosa la niña, ¿tú te has mirado al espejo?

*–No he podido porque lo habías roto tú al mirarte
–Laura decidió no seguir por aquel camino y una vez más
puso paz. –Bueno, oye, dime, ¿y por qué pasas tanto tiempo
en el zoo?*

*Había tocado el tema preferido de Eduardo. Cuando oyó
la pregunta, a Eduardo se le iluminaron los ojos y sufrió una
curiosa transformación. De repente, el tono que había tenido
toda la conversación cambió, y Eduardo, como si de un conferenciante ante un auditorio lleno se tratara, empezó a explicarle a Laura de dónde venía su interés por visitar el zoo.*

*–Verás, ahora estoy escribiendo mi doctorado sobre el com-
portamiento de los simios en cautividad, y particularmente
sobre los monos Brazza, una especie en peligro de extinción
que, por su bajo grado de sociabilidad, parece diferenciarse de
otras clases de simios. El simio Brazza, a pesar de su bajo
grado de sociabilidad, tiene muy desarrolladas las relaciones
familiares... –Eduardo parecía no ir a poner fin a su **disquisición** sobre el tema.*

–Oye, verás... –intentó interrumpir Laura.

*–... claro que en cautividad esa pretendida disociación del
carácter familiar y del carácter social alcanza niveles de...
–Eduardo **ensimismado** en su charla había cogido por el
hombro a Laura y no parecía notar que ésta, a pesar del
asombro que había sufrido al ver la transformación de
Eduardo, empezaba, con sus **guiños**, a burlarse de él.*

*Mientras Eduardo hablaba, se habían ido aproximando al
zoo y fue al llegar a la altura de una escultura en homenaje a
Walt Disney situada a pocos metros de la entrada, cuando
Eduardo se giró hacia Laura y se la encontró en plena imitación
muda de los gestos que éste hacía.*

mueca: gesto.

indefectiblemente:
sin falta.
afán: ganas, deseo
fuerte.

*Eduardo mostró su indignación con un gesto y una **mueca** de desagrado, pero acto seguido, cuando comprendió que quizá había exagerado algo con su monólogo sobre los monos Brazza, intentó quitarle importancia al hecho:*

–Oye, parece mentira: haces los mismos gestos que los monos Brazza –dijo– ¿tú también los estudias?– el tono que había utilizado hacía desaparecer toda la agresividad que en principio pudiera haber poseído una afirmación de aquel tipo. –Por cierto, ¿cuál es tu especialidad?– preguntó Eduardo para permitir que Laura pudiera devolverle la pelota.

–¿Yo?, bueno, a ver, cómo te lo podría explicar. Verás, estudié química, pero siempre me he sentido atraída por la biología, así que...

–¡Ah, ya! Te vas a encargar de la parte de química orgánica de nuestro proyecto, ¿no? –interrumpió Eduardo.

–Pues eso parece, aunque yo no acabo de verme en el papel –dijo tímidamente Laura.

*Laura siempre había tenido un pobre concepto intelectual de sí misma; había querido ver en sus compañeros de promoción gente mucho más capacitada, si bien siempre había sido ella la número uno, cosa que atribuía únicamente a su tenacidad y seriedad en el estudio. La verdad era muy otra y Laura era en realidad una joven promesa en el campo de la química orgánica, de lo que había dado muestras en numerosas ocasiones. No en vano, aunque ella no acabara de verlo claro, cuando el equipo en el que trabajaban Jorge y Eduardo llegó a la conclusión de que necesitaban de la ayuda de un químico para poder realizar su proyecto, todas las fuentes consultadas señalaron **indefectiblemente** a Laura como candidata número uno. Eduardo interpretó como **afán** por hacerse la interesante lo que no era sino timidez y modestia, y por eso no quiso continuar hablando del tema, cosa que Laura, que creyó que él comprendía sus motivos, le agradeció sin decir nada.*

Se habían detenido delante de la entrada y fue entonces cuando se dieron cuenta de que ya eran las ocho y estaban cerrando.

—Oye, lo tuyo es increíble. ¡**Menudo** despiste! Todas las semanas aquí y ni te enteras de a qué hora abren y a qué hora cierran. Vives en la luna —dijo Laura.

¡menudo!: intensificador, muy.

—Bueno, tampoco es para tanto. Si Jorge hubiera llegado a la hora a... —empezó Eduardo.

—Eduardo...

Él entendió que no era el caso culpar a Jorge después de lo que había hecho por ayudarle. Y además, se dio cuenta de que Laura tenía algo de razón cuando decía que estaba en las nubes. Hacía ya un año y medio que frecuentaba aquel zoo y sabía que en verano cerraban a las siete y media, pero quizá los nervios o una recóndita emoción por ir con Laura le habían hecho olvidar la hora que era. Mientras pensaba en la hora, Eduardo empezó a tomar conciencia de que seguía con un brazo sobre el hombro de ella y, **azorado,** lo retiró como si Laura quemase. Laura se sorprendió de su reacción y la atribuyó al tono **recriminatorio** que había puesto en aquel "Eduardo" pronunciado segundos antes.

azorado: avergonzado.

recriminatorio: de reproche.

—Exageras, ¿sabes?

Eduardo no supo cómo interpretar aquellas palabras y quizá por eso prefirió callar, sin darse cuenta de que aquel silencio llenaba de sentido los pensamientos de Laura.

—Mira, yo creo que mejor lo dejamos por hoy. Estoy agotada y empieza a hacerse tarde.

Eduardo sabía que no podía ser tarde a las ocho, pero no supo, o no quiso, dar marcha atrás y se dejó llevar por la situación.

—Sí, ya es un poco tarde —dijo con desgana.

Laura estaba esperando una frase o un gesto que acabara con aquella serie de malentendidos, pero pronto se dio cuenta de que las palabras habían ido creciendo más allá de su sentido y de que todo lo no dicho empezaba a pesar demasiado en aquella ridícula conversación. De pronto volvieron a ser dos desconocidos a los que sólo una despedida podía volver a dotar de sentido sus palabras.

–Bueno, mañana paso por el laboratorio, ¿estarás? –le preguntó Laura a Eduardo.

Eduardo, que ya antes había renunciado a todo intento de enderezar la situación, asintió con la cabeza.

Ella le dio dos besos en las mejillas y soltó un escueto "–Hasta luego, que pierdo el autobús". Después echó a correr rápidamente hacia la parada del 39.

Eduardo ahogó el grito de "¡Laura!" que tenía en la garganta y vio cómo ella se perdía a lo lejos. Sin saber por qué, Eduardo se encontró pensando en la estatua de **El desconsol** que a la derecha de donde él se hallaba regaba de desesperación los nenúfares del estanque. Eduardo sintió que algunas ausencias podían recibir el nombre de soledad.

Llegó a su casa a las 2 de la mañana. Cuando Laura lo había dejado a la entrada del zoo, había empezado a andar hacia ninguna parte, en un inútil afán de que la ciudad se lo tragara. Se había metido en un simpático restaurante cerca de la **Pompeu Fabra** y finalmente, tras cruzar **las Ramblas**, se había ido perdiendo entre calles y plazas hasta que éstas le habían conducido despiadadas a su apartamento de la **calle Tallers**. Metió la llave en la cerradura y por un segundo tuvo la sensación de estar abriendo la puerta de una prisión. Encendió la luz, y se acercó hasta el lector de discos compactos, vio que encima estaba el estuche de uno de los discos de **Aute** y apretó la tecla "Play". Los escasos 30 metros del estudio se vieron inundados por la melodía y Eduardo pensó que si él hubiera sido su **tocayo** también habría escrito aquellas palabras:

El desconsol: famosa estatua en el centro de un estanque en el parc de la Ciutadella.

Pompeu Fabra: una de las universidades de Barcelona, situada en las Ramblas. **Las Ramblas:** famoso paseo de Barcelona que sale de la céntrica Plaza de Cataluña y termina en el mar. **calle Tallers:** conocida calle, a la derecha de las Ramblas desde la Plaza de Cataluña. **Aute:** Luis Eduardo Aute, cantautor español. **tocayo:** la persona que tiene el mismo nombre que otra.

*"Si te dijera amor mío
que temo la madrugada,
no sé qué estrellas son éstas..."*

Le resultaba difícil entender que un desconocido hubiera podido recoger en la letra de una canción sus sentimientos más profundos, aquel temor que él siempre había sentido ante la llegada de un nuevo día que no se diferenciaba en nada del anterior y la imperiosa necesidad de compartir el tiempo:

*"Quiero que no me abandones,
amor mío, al alba".*

Torres 10: tipo de coñac de la marca Torres.

Ismael Serrano: cantautor español más actual.

Luis Pastor: cantautor español de los años 70 y que continúa editando discos.

*Eduardo cogió la botella de **Torres 10** y se sirvió una copa. Y otra. Y otra. Entre copa y copa, Eduardo pensaba que aquella fidelidad suya a Aute, pasados ya más de veinte años desde que lo oyera por primera vez, no dejaba de ser curiosa. Ahora la gente como él escuchaba a **Ismael Serrano** o recuperaba de las cenizas a **Luis Pastor**, pero él seguía con sus grandes fidelidades y principios. "¡Qué desastre!", pensó. Eran las cuatro menos veinte de la mañana cuando se quedó dormido en el sillón mientras le sonaba a rara amenaza la voz del disco cuando decía "Presiento que tras la noche, vendrá la noche más larga".*

Aute siguió cantando toda la noche y Eduardo, en un estado de duermevela constante, fue incorporando a sus sueños palabras y frases que iban apareciendo y desapareciendo de aquella canción que no cesaba de sonar.

Cuando el despertador, a las 7 de la mañana, intentó poner fin a la noche, Eduardo entreabrió los ojos con la sensación de no haber dormido nada, de haber tenido una continua pesadilla en la que realidad y sueño no acababan de delimitar su ámbito, en un permanente esfuerzo por imponer su presencia. Eduardo se debatió algunos segundos entre la imperiosa necesidad de acabar con aquellos sueños y el profundo y misterioso placer que sentía, recreándose en una pesadilla en la que todo su mundo había tenido cabida.

*A las 8 la realidad se abrió paso de forma inexorable y Eduardo se levantó de su improvisada cama, convencido de que llegaba tarde al trabajo. Paró la música en el momento de uno de los "al alba, al alba, amor mío al alba", y se dirigió hacia la ducha. Al pasar por delante del teléfono se dio cuenta de que la noche anterior no había comprobado las llamadas en el contestador automático, y aunque no esperaba nada especial lo puso en marcha. "Este es el contestador del 93 324 32 67. Ahora no puedo atender tu llamada pero, si tienes una buena noticia, no dudes en dejármela cuando suene la señal. Hasta luego". Siempre le había resultado difícil inventar un texto para el contestador y cada vez que oía sus propias palabras se extrañaba de que hubiera alguien capaz de dejar algún mensaje. "Soy Merche. Oye, no hay manera; no hay quien te pille en casa. Bueno, nada, lo volveré a intentar. Un beso". Su hermana Merche llevaba ya algunos días intentando localizarlo, pero como no parecía nada importante, Eduardo lo había ido dejando correr. "¿Eduardo? Oye, que soy Jorge. Pues nada, tío, perdona lo de esta tarde, he estado un poco **borde**. Venga, mañana nos vemos. Cuídate". Eduardo sabía que Jorge era un amigo, y por eso, como suele suceder con los verdaderos amigos, desde que acabó el incidente, y convencido de que no tenía la menor importancia, no lo había vuelto a recordar más, pero ahora la llamada de Jorge había traído consigo otra presencia mucho más difícil de olvidar y que Eduardo comprendió que había estado rondando su pesadilla todo el tiempo. Se trataba de Laura. Eduardo nunca había creído en aquello de los **flechazos**, ni tampoco era un quinceañero en busca de su primer amor, pero lo cierto era que durante todas aquellas horas pasadas desde el encuentro con Laura, ésta había permanecido **al acecho** en cada uno de sus pensamientos. "Soy Laura. No te extrañe que tenga tu teléfono, está en la lista de los del personal del laboratorio. Necesitaba hablarte, pero ya*

borde: coloquialmente, desagradable y agresivo.

flechazo: amor a primera vista.

al acecho: escondida.

veo que no estás. Bueno, nada, mañana nos vemos". Eduardo
se maldijo por no haber escuchado los mensajes la noche an-
terior; después recordó que había vuelto a las 2 de la maña-
na y se dijo que tampoco habría podido llamarla tan tarde,
y se dio cuenta de que además no tenía su teléfono; se pre-
guntó por qué había llegado tan tarde y se vio a sí mismo re-
corriendo sin sentido las callejuelas del barrio gótico. Se hizo
un sinfín de inútiles recriminaciones. El tiempo parecía ha-
ber cobrado una dimensión distinta, sentía la necesidad de
ver inmediatamente a Laura. Se duchó, se vistió alocada-
mente, tomó un café y salió de casa corriendo.

Cuando llegó al laboratorio eran las nueve y diez y se en-
contró a todo el mundo inmerso en su trabajo cotidiano.

–¡Eduardo! ¡Ya era hora! Te están esperando. ¿Has pa-
sado a recoger los resultados de los análisis?

*La **chillona** voz de Carmen a primera hora de la maña-*
na era algo difícil de soportar, pero cuando el tono era ade-
*más **inquisitorial** aquello no había quien lo aguantara.*
Eduardo prefirió callar, pero un raro desasosiego empezó a
apoderarse de él. ¿Qué análisis tenía que recoger? ¿Para qué
lo esperaban? Se dirigió rápidamente a su despacho y buscó
en el calendario que tenía encima de la mesa. Miércoles 17:
recoger los resultados de las pruebas de sangre analizadas;
8,30 reunión para discutir los análisis. Lo había olvidado
por completo, y además, ahora que lo leía, le parecía algo to-
talmente nuevo que veía por primera vez. Sabía que habían
hecho unas pruebas a veinte clases de simios distintos y que
habían enviado unas pruebas de sangre para analizar, pero
no recordaba que le hubieran encargado a él irlas a recoger,
y menos que tuvieran una reunión para tratar el tema; sin
embargo, su letra en el calendario era una prueba indudable
de que él había sido informado de todo, de que él tenía que
haberlo sabido y, lo que era peor, de que él era el responsable
de que aquella información llegara al laboratorio. Salió de su

chillona: voz dema-
siado aguda.

inquisitorial: propio
de la Inquisición.

despacho y se dirigió hacia la sala de reuniones. Sentía un peso sobre los hombros que le hacía andar despacio, como si midiese cada uno de sus pasos, como si contase el tiempo que le separaba del inevitable choque con el equipo que le estaba esperando detrás de aquella puerta al final del pasillo. Llamó y sin esperar respuesta abrió. Él sabía que su retraso no iba a provocar ningún comentario. Era una de las ventajas de las grandes ciudades, que si el tráfico, que si un atasco, uno siempre podía acabar justificando llegar una hora tarde sin que a nadie pareciera importarle demasiado.

—¿Tienes los análisis? —preguntó Esteban.

De la misma forma que sabía que su retraso no sería comentado, Eduardo sabía que nadie le iba a perdonar haber olvidado los análisis.

—Veréis...

Sintió que todas las miradas se clavaban en él, la de Carlos, la de Jorge, la de Esteban, la de Jaume, la de Montse, y cómo no, también la de Laura. Sintió que no había palabras para explicar lo inexplicable y sintió que los ojos de Laura buscaban los suyos para encontrar una respuesta. Eduardo bajó la cabeza como cuando era pequeño y sus padres le pillaban en alguna travesura y fue entonces cuando le sorprendieron las palabras de Carlos.

—Bueno, a ver, yo creo que hemos estado últimamente un poco tensos, y sobre todo... Vaya, que a cualquiera que se siente perseguido —y que conste que yo he sido el primer culpable— es fácil que se le vayan de la cabeza las cosas... Mira, no sé qué os parece a vosotros, pero yo creo que lo mejor es que Eduardo se tome unos días de descanso, que se relaje.

Carlos parecía sincero, no había segundas intenciones en lo que decía, y Jorge no vio ningún problema en secundar la propuesta.

—Sí, yo creo que sería lo mejor... Eduardo, mira, te vas

unos días por ahí y seguro que vuelves hecho una rosa... –dijo Jorge mientras se acercaba a Eduardo y le ponía una mano en el hombro.

Eduardo seguía sintiendo cómo la mirada de Laura buscaba la suya pero no se atrevió a salirle al encuentro. Murmuró un "Gracias" y salió sin decir nada más. Cuando cerró la puerta sintió que cerraba muchas otras cosas y notó cómo se le ponía **la piel de gallina**. Salió de los laboratorios y se dirigió directamente a casa. Cuando llegó se tumbó en la cama, fijó la mirada en el techo, e intentó no pensar en nada. Se quedó dormido con el silencio de los ojos de Laura clavado en sus párpados cerrados.

A las seis de la tarde sonó el teléfono. Eduardo se despertó sobresaltado, pero su mente tardó unos instantes en decidir si se trataba de la puerta o del teléfono. Cuando quiso reaccionar ya era demasiado tarde. Eduardo se dio cuenta de que no había conectado el contestador, pero, inmerso como estaba en el sopor del sueño, su cuerpo no obedeció al pensamiento que le decía que tenía que ponerlo. Estuvo un rato más dando vueltas en la cama, pero, ya no logró conseguir volverse a dormir. En su cabeza se agolpaban los pensamientos y las escenas de los últimos días, de las últimas horas. Finalmente decidió levantarse. Se metió bajo la ducha y dejó que el agua resbalara violenta por su cuerpo. Estuvo diez minutos así, diez minutos que parecieron detener el tiempo, diez eternos minutos que parecían multiplicarse por cada una de las gotas de agua que acariciaba su piel. A lo lejos creyó volver a oír el teléfono pero ni siquiera hizo el **amago** de salir de la ducha. Ya volverían a llamar. El timbre siguió sonando, cada vez con mayor intensidad, como intentando abrirse paso hacia un Eduardo perdido en una cascada de olvido. En un cierto momento, Eduardo entendió que esta vez no se trataba del teléfono, sino de la puerta. Dudó si ir a abrir o seguir abandonado a aquel placer que lo había aislado del mundo.

la piel de gallina: aspecto que toma la piel por estremecimiento o por frío.

amago: gesto inicial, intento.

De repente, algo en lo más profundo de su "yo" le susurró que podía ser ella, que podía ser Laura. Salió de la ducha, se puso una toalla alrededor de la cintura y fue corriendo a la puerta.

–¡Voy! –gritó.

Abrió aceleradamente la puerta.

–Perdone, ¿el señor Giménez?

Eduardo no había previsto ni por un momento que pudiera haberse tratado de una equivocación.

–¿Cómo? –pareció temblarle la voz.

–¿Es la casa del señor Giménez? –volvió a preguntar un joven de unos veintitrés años que Eduardo no había visto en su vida.

–No, no, aquí no vive ningún Giménez –Eduardo apenas si había acabado la frase cuando ya estaba cerrando la puerta.

El **portazo** *fue horrible. Eduardo había puesto toda su fuerza en aquel gesto, como si hubiera querido deshacerse de todas sus preocupaciones y problemas sacándolos violentamente de su casa.*

portazo: golpe de una puerta al cerrarse con fuerza.

Cuando se quedó una vez más solo, recordó las llamadas telefónicas y se acercó al contestador para volverlo a enchufar. Mientras lo hacía fue pasando lista a aquellas personas que podrían haberle llamado mientras él estaba en la ducha. Una serie de nombres le vinieron inmediatamente a la imaginación, pero él, por un extraño mecanismo, sólo creía ver unos teóricos motivos en Laura.

Se vistió, y puso mecánicamente la música. La canción de la noche anterior seguía en el aparato de música, y empezó a sonar. Eduardo la paró dejando a Aute con el "Si te dijera amor mío..." a medio acabar. No estaba dispuesto a seguir recreándose en su tristeza y decidió salir a tomar una copa.

Boadas: bar conocido por sus combinados y cócteles, en el paseo de las Ramblas.

mojito criollo: bebida cubana a base de ron, lima, menta y azúcar de caña.

plego: en Cataluña, terminar, especialmente el trabajo.

guiris: coloquial y despectivamente, extranjero.

pijo: persona que ostenta tener buena posición social y económica, aunque no siempre es así.

mandar a freír espárragos a alguien: decir a alguien que no nos moleste, que nos deje en paz.

enchegar: (español de Cataluña) arrancar (generalmente con aparatos, vehículos, etc., que poseen motor).

Eran ya las ocho de la tarde, y aunque no sabía hacia dónde dirigir sus pasos, de pronto se vio acodado a la barra de **Boadas***.*

–¿Qué va a ser? –la voz del barman le sacó de sus meditaciones.

–Un **mojito criollo***.*

Eduardo solía pasar por aquel local. Le gustaba el ambiente y además lo tenía al lado de casa. Cansado como estaba de perderse en sus propios pensamientos, intentó colgarse de alguna conversación vecina para dejar de pensar. A su lado una pareja intentaba no alzar el tono de voz en un diálogo que tenía todo el aspecto de una discusión de enamorados.

–Te lo he dicho mil veces, a veces **plego** *más tarde porque me tengo que quedar a hacer caja...–decía él.*

–Sí, claro, a hacer caja... ¿Tú te crees que me chupo el dedo? Siempre andas con las **guiris** *arriba y abajo... Estoy hasta... –ella parecía francamente enfadada. Era más joven que él y tenía un aspecto un tanto* **pijo***.*

–Pero, ¿qué culpa tengo yo si mi trabajo es ése? ¿Qué quieres? Si te parece llega una extranjera y cuando me pide algo, **la mando a freír espárragos***... Iba a durar yo mucho... Además, ayer la culpa de todo la tuvo la moto que no* **enchegaba** *ni a la de tres...*

Eduardo se fijaba en el silencioso lenguaje de las manos que mientras hablaban se iba desarrollando entre ambos. Él intentaba cogerle una mano y ella se sacaba de encima las manos de él a manotazos. A veces se dejaba acariciar el brazo para un segundo más tarde volver a apartarlo con un gesto seco.

–Sí, tu trabajo... Ya sabías tú muy bien dónde buscar trabajo... ¿Por qué no aceptaste el que te ofrecieron de mensaje-

ro?, ¿eh? No, no, eso no, mejor el de **Sitges**, claro... ¿No eras tú el que decía que tú de camarero ni borracho? Qué pronto hemos cambiado de opinión, ¿eh?

–Joder, a ti no hay quien te entienda... Ahora sale con lo de los mensajeros... Primero que si menuda miseria, que si es peligroso todo el día en moto, y ahora...

–Ahora nada...

A Eduardo la conversación empezó a parecerle aburrida y le recordó el guión de uno de los muchos **culebrones** que ponían últimamente en televisión. Buscó con la mirada al camarero y le hizo un gesto pidiéndole la cuenta.

–Ocho euros.

Eduardo pagó con un billete de veinte y esperó el cambio. Después dejó algo de propina, no sin antes pensar que él seguía entendiendo mejor lo de las **pesetas**, y se dirigió hacia la salida. Mientras abandonaba el local no pudo evitar dirigir una última mirada a la pareja en la barra. Habían dejado de hablar, ella tenía sus manos entre las de él y él tenía su cabeza recostada en el hombro derecho de ella. Eduardo esbozó una sonrisa y se dijo qué poco sentido tenían a menudo las palabras y cuántas barreras infranqueables podían levantar entre las personas. Sin querer, su imaginación volvió a refugiarse en la imagen de Laura.

Salió del local y bajó por las Ramblas sin rumbo fijo, intentaba perderse por entre la multitud, y aunque sabía que no lo conseguiría se dejó arrastrar. Después se metió por la **calle Hospital** y fue atravesando callejuelas hasta llegar otra vez a la calle Tallers. Cuando llegó a su calle se dio cuenta de que ya eran las once de la noche y de que aún no había cenado. Subió a su casa y enseguida notó que algo había sucedido.

PÁRATE UN MOMENTO

1. Cuando Eduardo llega a casa la primera noche, pone un disco de un cantautor español. ¿Conoces a alguno? A continuación tienes una lista de cantautores españoles y latinoamericanos, intenta relacionar sus nombres con los fragmentos de las canciones. Para ayudarte puedes consultar los fragmentos de sus biografías; ten en cuenta que suelen cantar sobre temas de la zona geográfica en la que viven, o en la lengua de esa zona.

> - Joan Manuel Serrat
> - Amancio Prada
> - Pablo Milanés
> - Chico Buarque
>
> - Joaquín Sabina
> - Pedro Guerra
> - Lluis Llach

Cuéntame el cuento de los que nunca se descubrieron
del río verde y de los boleros.
Dame los ritmos de los buzuki
los ojos negros,
la danza inquieta del hechicero.
Contamíname, pero no con el humo que asfixia el aire,
ven, pero sí con tus ojos y con tus bailes.
Ven, pero no con la rabia y los malos sueños.

Autor

Allá donde se cruzan los caminos,
Donde el mar no se puede concebir,
Donde regresa siempre el fugitivo,
Pongamos que hablo de Madrid.
...
Cuando la muerte venga a visitarme,
Que me lleven al sur donde nací,
Aquí no queda sitio para nadie,
Pongamos que hablo de Madrid.

Autor

Autor

L'avi Siset em parlava
de bon matí al portal
mentre el sol esperàvem
i els carros vèiem passar.
Siset, que no veus l'estaca
on estem tots lligats?
Si no podem desfer-nos-en
mai no podrem caminar!

Si estirem tots, ella caurà
i molt de temps no pot durar,
segur que tomba, tomba, tomba
ben corcada deu ser ja.

Quizá porque mi niñez sigue jugando en tu playa
Y escondido tras las cañas duerme mi primer amor
Llevo tu luz y olor por donde quiera que vaya.

Autor

Y amontonado en tu arena,
Guardo amor, juegos y penas.
Yo que en la piel tengo el sabor amargo del llanto eterno,
Que han vertido en ti cien pueblos de Algeciras a Estambul,
Para que pintes de azul sus largas noches de invierno.
....
A tus atardeceres rojos se acostumbraron mis ojos,
Como el recodo al camino.
Soy cantor, soy embustero, me gusta el juego y el vino,
Tengo alma de marinero.
Y qué le voy a hacer, si yo, nací en el Mediterráneo,
Nací en el Mediterráneo.

Amou daquela vez como se fosse a última
Beijou sua mulher como se fosse a última
E cada filho seu como se fosse o único

Autor

E atravessou a rua com seu passo tímido
Subiu a construção como se fosse máquina
Ergueu no patamar quatro paredes sólidas
Tijolo com tijolo num desenho mágico
Seus olhos embotados de cimento e lágrima
Sentou pra descansar como se fosse sábado
Comeu feijão com arroz como se fosse um príncipe
Bebeu e soluçou como se fosse um náufrago
Dançou e gargalhou como se ouvisse música.

*Yo pisaré las calles nuevamente
De lo que fue Santiago ensangrentada,
Y en un hermosa plaza liberar
Me detendré a llorar por los ausentes.
Yo vendré del desierto calcinante
Y saldré de los bosques y los lagos
Y evocaré en un cerro de Santiago
A mis hermanos que murieron antes.*

Autor

*Corre o vento, o río pasa.
Corren nubes, nubes corren
camiño da miña casa.
Miña casa, meu abrigo,
vanse todos, eu me quedo
sin compaña nin amigo.
Eu me quedo contemprando
as laradas das casiñas
por quen vivo sospirando.*

Autor

BIOGRAFÍAS:

■ Serrat, Joan Manuel (1943)

Cantauor español, nacido en el *Poble Sec*, barriada barcelonesa, el 27 de diciembre de 1943.

Joan Manuel sabe retratar a la perfección paisajes y sentimiento, hasta el punto de que álbumes como *Mediterráneo* –editado en abril de 1971– le llevan a estar presente en media Europa y en toda Sudamérica. En 1975 se autoexilió en México a raíz de sus manifestaciones contra el régimen franquista.

■ Prada, Amancio (1949)

Cantautor español, nacido en Dehesas del Bierzo, en León, el 3 de febrero de 1949. En 1969 se traslada a París para estudiar Sociología en la Universidad de la Sorbona, estudios que compagina con clases de armonía, canto y guitarra.

En 1973 debuta como cantante en el Théatre de Bobino. Un año después de su presentación, en 1974, graba su primer disco, titulado *Vida e morte* y abandona París, disco al que seguirán muchos otros.
A finales de abril de 1999 celebró su medio siglo de vida con un disco que recobra las viejas coplas gallegas que escuchó de pequeño, *De mar e terra. Coplas de tradición oral.*

■ Milanés, Pablo (1943)

Cantautor cubano.
En 1972 nace la Nueva Trova Cubana, movimiento en el que Milanés jugó un papel muy importante como innovador de la música cubana.
En los últimos años ha conseguido un gran éxito tanto en América Latina, como en Europa y en Estados Unidos. Junto con Silvio Rodríguez es uno de los principales embajadores culturales de Cuba. En su música, al igual que en Cuba, se produce un cruce de culturas, elementos africanos, americanos y europeos.

El 23 de junio de 1993 se creó la fundación cultural *Pablo Milanés* en La Habana. Sus objetivos son promover y apoyar programas culturales y artísticos, sin connotaciones ideológicas.

■ Buarque de Holanda, Chico (1944)

Cantante, compositor, poeta, novelista y estudioso de la música nacido en Brasil, en 1944, en el barrio de Vila Isabel, Río de Janeiro.

La obra de Chico, sabia conjunción de los ritmos tradicionales y la bossa-nova, con un conocimiento profundo del pop y el jazz, es una de las más sólidas y apreciadas en Brasil.

En 1971, gracias a su formidable disco *Construção* se ganó la veneración de los cantautores de toda Hispanoamérica y el éxito con el público de Europa y América. Pronto fue encargado de componer la música de varias películas brasileñas, como *Quando o carnaval chegar* de Cacá Diegues, o *Vai trabalhar, vagabundo* de Hugo Carvana.

■ Sabina, Joaquín (1949)

Cantautor español, considerado como la más importante figura del folk-rock urbano de los noventa. Nacido en Úbeda (Jaén) el 12 de febrero de

1949, es uno de los pocos cantautores que ha sabido evolucionar con los tiempos y ampliar el número de seguidores iniciales hasta límites insospechados.

En 1980, en el sello Epic, edita *Malas Compañías*, que contenía sus primeros éxitos, en los que la ciudad de Madrid cobra una particular importancia.

■ **Guerra, Pedro (1966)**

Cantautor español, de nombre Pedro Manuel Guerra, nacido en 1966 en Güimar, Tenerife (Islas Canarias). Aprendió a tocar la guitarra a los quince años, en un cursillo por correspondencia, y a los dieciséis compuso su primera canción, "Cathasya".
Tocó en multitud de fiestas locales, formó el llamado Taller Canario, con el que publicó cuatro álbumes. Más tarde entró en contacto con Luis Pastor, Silvio Rodríguez, Joaquín Sabina, Luis Eduardo Aute y Víctor Manuel. Ana Belén, grabó dos temas para sendos L.P.´s y "Contamíname" llegó a ser todo un éxito en 1994, consiguiendo el premio Ondas de ese año "a la mejor canción".

■ **Llach, Lluís (1948)**

Lluís Llach nació el 7 de mayo en Girona. Vivió toda su infancia en Verges, un pequeño pueblo del Baix Empordà, comarca de la que siempre se ha declarado un enamorado. La existencia de un piano en la casa familiar marcaría al joven Lluís, que a los 6 años comenzó a componer sus primeras estructuras musicales.
En 1967, inmerso completamente en los ambientes universitarios antifranquistas, y debido al interés que desde pequeño mostró por la música, entra en contacto con el grupo intelectual de "Els Setze Jutges" (Los Dieciséis Jueces), antecedente del "movimiento musical" que después se denominaría "Nova Cançó" y en la que destacaría muy pronto.
Su primer disco incluía canciones como "Que feliç era mare", "La barca", "En Quitero" o "El Parc". Ese mismo año compuso "L'estaca", que llegó a ser el himno de todas las reivindicaciones de los Países Catalanes.

Adaptado de Enciclopedia Universal Multimedia ©Micronet S.A. 1999/2000

2. Normalmente, los cantautores surgen en momentos políticos o sociales difíciles para un país y en sus letras suelen representar la voz del pueblo y protestar por las injusticias y reivindicar mejoras. Imagina que eres un escritor de letras de canciones y un cantante famoso quiere cantar contra la situación del país. Elige un tema que te parezca relevante en tu país, o en el mundo, y escribe una canción. Te puede servir de ayuda la música de una canción conocida.

....

....

....

....

....

....

....

....

....

....

....

....

....

....

....

....

3. En esta parte de la historia, Eduardo habla de dos cantautores que pertenecen a momentos diferentes de la historia de España. ¿Crees que los cantautores cumplen una labor social o simplemente aprovechan la ocasión para vender más discos? ¿Piensas que en la actualidad tienen sentido? Coméntalo con tus compañeros.

4. Cuando Eduardo pone el contestador automático, escucha este mensaje de Laura: *"Soy Laura. No te extrañe que tenga tu teléfono, está en la lista de los del personal del laboratorio. Necesitaba hablarte, pero ya veo que no estás. Bueno, nada, mañana nos vemos".* ¿Qué crees que quería decirle, teniendo en cuenta esa incipiente simpatía que existe entre ambos y que al día siguiente ella busca su mirada en la reunión cuando llega tarde al trabajo? Anótalo aquí:

....

....

....

Comparte con tus compañeros tu respuesta y comentad el porqué de una u otra elección. Al final consensuad la versión que os parezca más verosímil a todos.

5. Vuelve a leer el final de esta primera parte. ¿Qué ha podido pasar? Aquí tienes algunas ideas para darle un final a esta parte, elige la que te parezca más convincente o propón otra que te guste más:

- Han entrado a robar.
- En la casa ha entrado el señor Giménez, por el que preguntaba el chico joven.
- Después de ducharse, Eduardo se dejó el grifo abierto y está todo inundado.
- Laura ha entrado en su casa para decirle que está enamorada de él.
- Laura y Jorge han ido a casa de Eduardo para contarle que en el resultado de los análisis han detectado una bacteria peligrosa que envenena a los simios.
- Los compañeros de trabajo van a darle una fiesta sorpresa.

....

....

....

Comenta tu elección con tus compañeros.

6. Las siguientes expresiones aparecen a lo largo del texto; para comprobar que las has entendido, intenta transformar estas frases sustituyéndolas en cada caso por alguna de las expresiones del recuadro:

1. *Mandar a freír espárragos*	a) Mi jefe finge que no se da cuenta pero siempre sabe cuándo llego tarde al trabajo, y hasta ahora nunca me ha dicho nada.
2. *Quedarse en blanco*	b) En las reuniones de vecinos siempre el vecino del cuarto derecha que se enfada y discute cuando le llevan la contraria.
3. *Hacer la vista gorda*	c) Creo que ayer no tenías que haberle hablado a Ramón de tu mala relación con tu padre, él acaba de perder al suyo en un accidente de tráfico y se quedó un poco mal.
4. *Caérsele el pelo a alguien*	d) El otro día en el examen me fue fatal, no sabía qué escribir, después de haber estado más de un mes estudiando.
5. *Quitarse un peso de encima*	e) Cuando me confirmaron en el banco que no tenía que pagar aquellos 1000 euros de multa me quedé más tranquila, ¡no sabes qué disgusto tenía!
6. *Ponerse gallito*	f) ¿Mi relación con Juan? El otro día le dije que me dejara en paz, que habíamos terminado, que no lo soportaba. Porque desde que nos conocemos siempre hemos hecho lo que él quería.
7. *Meter la pata*	g) Si descubren que en el examen has escrito lo mismo que yo vamos a tener serios problemas y a lo mejor nos expulsan a los dos de la escuela.

7. En todos estos ejemplos, que aparecen en la lectura, se indica el principio de una acción, pero cada uno da idea de un matiz diferente. Agrúpalos en cada cuadro según el caso:

Comienzo de una acción	Comienzo repentino

a. *"... Por si fuera poco está allí Laura que cuando oye la historia se pone a romper lanzas por el caballero como si lo conociera de toda la vida..."*

b. *"Le hizo tanta gracia que rompió a reír a carcajadas".*

c. *"Jorge creyó que su chiste del bolso había sido graciosísimo y también se puso a reír".*

d. *"...y Eduardo, como si de un conferenciante ante un auditorio lleno se tratara, empezó a explicarle a Laura de dónde venía su interés por visitar el zoo".*

e. *"Después echó a correr rápidamente hacia la parada del 39".*

8. ¿Crees que se podría decir: *y como no sabía qué hacer rompió a beber*, o *en ese instante se puso a caerse por la escaleras*, o *cuando se enteró de la noticia echó a llorar como un niño*? ¿Por qué? Justifica tu respuesta.

9. Eduardo está escribiendo su tesis doctoral sobre un tipo de monos y cuando está hablándole a Laura de su trabajo, ella hace gestos imitándole, como un mono. En español, y seguro que en tu lengua también, hay muchas expresiones relacionadas con animales o con alguna de sus características, como por ejemplo, *hacer el mono*. Intenta unir las frases para completar las expresiones. Compara si en tu lengua o en la de tus compañeros existen también u otras diferentes, ¿puedes traducirlas a español?

tener memoria · un zorro
estar como · de elefante
ser astuto como · una liebre
ser lento como · un león
tener cuello · una foca
tener orejas · de jirafa
ser fiero como · un pez
ser escurridizo como · de burro
ser más rápido que · una tortuga

10. Fíjate en las palabras que están en negrita en estas frases; más ailá del significado asociado a la forma (presente de subjuntivo/ imperativo del verbo), en estos casos se utiliza para expresar otra cosa. Lee las frases e indica qué quiere expresar la persona que las utiliza:

a. *"A fin de cuentas no lo has sacado del follón en el que estaba para hundirlo ahora en la más completa de las miserias, **vaya**, digo yo".*

b. *"Sin ir más lejos el otro día a ti se te pasó por alto controlar el dispositivo de seguridad del equipo de alimentación alterna... Imagina qué podría haber pasado...*
*–**Vaya** hombre, no, si al final voy a ser yo tan culpable como él...".*

c. *"–¿Qué te hace tanta gracia?*
*–Nada, nada, una tontería... Así que ése es Eduardo. **Vaya, vaya**".*

d. *"–Jorge, –intervino Eduardo– no te querrás ir ahora. Después de lo que has hecho por mí... Tío, **venga**, joder, no te vayas ahora".*

e. *"–No, **mira**, déjalo. Otro día será. De verdad, hoy no puedo".*

f. *"–Vamos, **venga**, al Parque-parc de la Ciutadella –mientras cogía de la mano a Eduardo y echaba a correr hacia el Paseo de Pujades".*

g. *"**Mira**, no sé que os parece a vosotros, pero yo creo que lo mejor es que Eduardo se tome unos días de descanso, que se relaje".*

11. *¿Qué sabes sobre la historia del catalán y español?*

Sabemos que Eduardo no es ni habla catalán, pero en un momento de la historia dice un par de palabras en esa lengua, y Laura le contesta con una frase que él no entiende, hecho que le incomoda. Como sabes, en España, el español es lengua oficial junto con el gallego, el euskera (euskara) y el catalán. ¿Crees que en un mismo Estado es posible que se respeten los derechos de todos a utilizar distintas lenguas? ¿Existen situaciones como la de estas lenguas en tu país? ¿Has estado alguna vez en España y te han hablado en alguna de las otras lenguas oficiales? Lee el siguiente texto y comenta lo que se dice en él con tu profesor y tus compañeros.

Prácticamente todas las universidades de comunidades cuyo Estatuto de Autonomía establece la cooficialidad de una lengua propia junto al castellano ofrecen, en alguna medida, enseñanzas en las dos lenguas. Pero, aunque el fundamento jurídico es el mismo, hay grandes diferencias entre ellas en este aspecto.

Por lo general, los alumnos catalanes aceptan con naturalidad esta enseñanza bilingüe. En la mayoría de centros, al comenzar el curso, eligen grupos o asignaturas optativas sin saber en qué lengua se impartirán y, lo que es más significativo, las reclamaciones por motivos lingüísticos son muy escasas. La presencia de la lengua cooficial es mucho menor en otras comunidades. En la Universidad de las Islas Baleares, por ejemplo, quizás llegue al 40% y en la de Santiago de Compostela, al 20%. En las restantes universidades gallegas y valencianas, la presencia es todavía menor y, en algunos casos, puramente testimonial.

Caso aparte lo constituye la Universidad del País Vasco. Desde sus comienzos, existieron escuelas de formación del profesorado exclusivamente en euskara. Pero, al organizarse los estudios universitarios y dado que no se podía dar por supuesto que la mayoría de alumnos entendieran la lengua vasca, las asignaturas se ofrecieron en primer lugar en castellano y sólo se crearon grupos paralelos en euskara a medida que aumentaba la demanda y las disponibilidades de profesorado. Hay, sin embargo, bastantes licenciaturas que no pueden cursarse íntegramente en euskara. Por idénticas razones, mientras que en las universidades catalanas y baleares se utiliza exclusivamente el catalán en la documentación administrativa y en la de Santiago de Compostela el gallego, en la Universidad del País Vasco se ofrece simultáneamente en las dos lenguas cooficiales.

He señalado ya que la coexistencia de dos lenguas en un mismo espacio docente universitario provoca entre nosotros muy pocos incidentes. Y ahora añado otro dato muy importante: esta respetuosa convivencia constituye un caso único en toda Europa. Incluso en un territorio oficialmente bilingüe, como lo es la ciudad de Bruselas, las universidades que existen en ella tienden a utilizar exclusivamente el francés o el neerlandés, dependiendo de los casos.

Lo que sí se advierte en las universidades europeas es una tendencia en aumento a organizar cursos en inglés. Esta situación se da especialmente en países pequeños y con una lengua minoritaria, como Holanda o Dinamarca, que aspiran, de este modo, a atraer estudiantes del Programa Erasmus o, en general, a extranjeros. Curiosamente, esta tendencia también se está advirtiendo en Alemania, que utiliza la estrategia como reclamo de estudiantes asiáticos y del Extremo Oriente.

Por el momento, este fenómeno es casi inexistente en España, aunque ya se da en universidades catalanas, en cursos de especialización y también, por supuesto, en escuelas de dirección de empresas. Así, algunos programas de IESE se dan ya totalmente en inglés.

Miquel Siguán es profesor emérito de la Universidad de Barcelona.
www.elmundouniversidad.es

12. ¿Qué relación ves entre la imagen de la cubierta y lo que has leído hasta ahora? Escribe a continuación tu hipótesis.

....

....

....

Compara tu respuesta con la de tus compañeros y, acabada la lectura, mirad juntos quién estaba más cerca de la solución real.

13. ¿Qué relación ves entre el título y la historia que has leído? Escribe a continuación tu hipótesis.

....

....

....

Compara tu respuesta con la de tus compañeros y, acabada la lectura, mirad juntos quién estaba más cerca de la solución real.

añicos: trozos muy pequeños.

atar cabos: hacer que tus cosas encajen.

restregar: frotar varias veces y con fuerza.

Vichy Catalán: marca de un agua mineral con gas.

sacar de quicio: enfadar, irritar a alguien.

Cuando sonó el despertador, a las ocho y media de la mañana, Eva intentó darle un golpe con la mano para apagarlo, pero en lugar de conseguir el efecto que perseguía, de repente, oyó el estruendo de la botella de agua al hacerse **añicos** contra el suelo. Fue entonces cuando se dio cuenta de que no estaba en la cama, sino con la cabeza apoyada contra el teclado del ordenador. Poco a poco, mientras iba abriendo los ojos, al tiempo que los sentidos se hacían otra vez a la realidad, empezó a recordar dónde estaba y por qué. De hecho no era nada extraordinario, se encontraba en su estudio, como tantas y tantas otras noches, intentando acabar aquella historia que su editor le venía pidiendo desde hacía ya varios meses, intentando que la historia de Eduardo, Laura y Jorge dejara de ocupar su mente y pasara definitivamente al papel, intentando encontrar la forma de **atar todos los cabos** y de cerrar la trama, intentando que aquella novela, que hasta el momento compartían parcialmente su cerebro y el disco duro del ordenador, pudiera tener definitivamente un público real. **Se restregó** los ojos con los dedos y bebió un trago de agua del vaso que la mano no había encontrado en su camino cuando buscaba el despertador. Tenía que dejar de beber **Vichy Catalán**, pensó. Al menos hasta que desterrara aquella costumbre de trabajar por las noches hasta el agotamiento o hasta que la casa del Vichy decidiera pasarse a las botellas de plástico. Claro que si dejaban de producir botellas de vidrio ella también dejaba de comprar Vichy, porque vete tú a saber de qué porquería estarían hechas... De repente, se dio cuenta de que no recordaba haber apagado el ordenador y de que el monitor estaba a oscuras... Aquel parpadeante cursor que **la sacaba de quicio** tantas veces, tan pa-

echar un vistazo rápido: mirar algo sin mucha atención y de forma superficial.

ciente, tan insensible, tan inhumanamente presente, no aparecía por ninguna parte. **Echó un rápido vistazo** a todas las lucecitas que acompañaban sus días y sus noches, y nada. El ordenador no daba señales de vida, ninguna luz, ningún sonido, nada que hiciera intuir que no se trataba de un mueble más. Eva pulsó el interruptor para ponerlo en marcha, mientras sentía una rara sensación a la altura del pecho... El ordenador empezó su habitual ceremonia de ruidos y destellos y Eva, inconscientemente, antes ya de recibir el saludo que ella misma había programado en la máquina, dejó escapar un suspiro de alivio. Tras unos segundos de espera, entró en el archivo en el que se encontraban los fragmentos de su novela... Le daba risa utilizar la palabra novela para hablar de unas páginas que no eran más que el principio de algo que ella tenía cada vez menos claro que pudiera tener un final... Fue hasta la última página y se enfrentó, una vez más, a aquella horrible sensación de impotencia que le producía ver que no había escrito nada en toda la noche... No sabía qué significaba aquello de toda la noche, porque le costaba reconstruir el momento en que se había quedado dormida, pero lo que sí sabía es que, si no hubiera sido porque le sonaba a justificación de película mala, o a excusa de escritor principiante, habría llamado a su editor para decirle que se le había acabado la inspiración y que...

En alguna parte de la casa empezó a sonar el teléfono... La idea de haberse comprado un inalámbrico que le permitiera una mayor libertad de movimiento, le parecía absurda cuando tenía que adivinar dónde podía andar el maldito aparato. Se levantó apresuradamente y sintió un dolor agudo en la planta del pie que la hizo caer. Tardó unos segundos en asociar la

joder: expresión vulgar para expresar, entre otras cosas, sorpresa y disgusto.

embobada: ida, fuera de la realidad.

a la pata coja: saltando sobre un solo pie.

meticulosamente: con mucho cuidado, sistemáticamente.

ocurrente: ingenioso/a.

botella de agua, el manotazo para apagar el despertador, el ruido, los cristales rotos, el dolor en el pie...

–Joder... –gritó.

Se miró el pie y vio como caían al suelo del estudio algunas gotas de sangre. Superado el primer momento de dolor, se sorprendió a sí misma contemplando **embobada** su propio pie y preguntándose de dónde saldría aquella sangre. Fue una sensación que duró apenas un segundo, pero extrañamente se trataba de una sensación agradable. "¿Y el teléfono?" –pensó atropelladamente. Había dejado de sonar. Ni siquiera habría sabido decir cuándo. De la herida, que todavía no había visto, seguía saliendo algo de sangre. Se sentó sobre la cama, puso el pie izquierdo sobre la rodilla derecha y miró con detenimiento el lugar en el que había sentido aquel primer pinchazo. Afortunadamente, la herida parecía superficial. **A la pata coja**, fue al cuarto de baño, cogió un pedazo de algodón, agua oxigenada, se sentó sobre el bidet y empezó a limpiar **meticulosamente** la planta del pie. Sentía el extraño picor del agua oxigenada en contacto con la carne viva, pero nunca le había parecido desagradable y aquella vez tampoco. A medida que pasaba el tiempo, la hemorragia iba cediendo y Eva, que no se podía decir que se hubiera puesto nerviosa en ningún momento, se tranquilizó definitivamente. Se vendó de la mejor forma posible el pie y se dispuso a olvidar el incidente. Por un instante pensó: "Parece que no he empezado el día con muy buen pie". Lamentó la falta de público, porque la gracia le pareció muy **ocurrente**.

El teléfono volvió a sonar. Esta vez le pareció que no podía estar muy lejos. Cerró los ojos. Con los ojos cerrados su sentido de la orientación ganaba muchos

revoltijo: desorden cuando algo está amontonado.

campamento: lugar donde pasan sus vacaciones muchos niños y adolescentes, y donde practican deportes al aire libre.
Pirineos: cadena montañosa entre Francia y España.
un sinfín de: muchísimos/as.

puntos. Su ex-marido solía bromear sobre ello cuando le decía que era una lástima que no se pudiera conducir con una venda, porque quizá así tuviera alguna posibilidad de llegar a un lugar sin recorrer inútilmente veinte kilómetros más de la cuenta. No acababa de localizar el timbre del teléfono, sonaba cerca, pero también sonaba demasiado apagado. Su vista cayó casualmente sobre un **revoltijo** de toallas y entonces recordó que la noche anterior había estado hablando más de media hora con su madre precisamente en el cuarto de baño. Su madre... Tan oportuna como siempre. Había llamado justo en el momento en el que ella salía de la ducha, y la había tenido allí, sentada en el suelo, durante media hora, hablando de lo peligroso que resultaba dejar que su hijo, Aurelio, fuera aquel verano de **campamento** a los **Pirineos**. Eva no intentó convencer a su madre porque sabía que era imposible hacerlo, si se le metía algo en la cabeza... Y menos mal que no le había comentado que realmente el campamento era para la práctica de deportes de riesgo..., había optado por ahorrarse algunos minutos de conversación a las diez de la noche y **un sinfín de** llamadas en los días sucesivos... Cuando levantó la primera de las toallas que había en el suelo, supo que había acertado. El timbre del teléfono sonó más nítido y Eva lo calló apretando el botón "on".

–¿Sí?

–¿Eva? ¿Qué? ¿Ya tenemos libro?

–Yo tengo muchos, pero no sé si te sirven... –intentó ironizar, aunque sabía que a su editor se le estaba acabando la paciencia y que podía no apreciar demasiado la bromita.

–Que me sirvan o no, sólo depende de ti. Bueno, qué, dime, cuándo nos vemos, cuándo me entregas el manuscrito.

–Mira, me he levantado con el pie izquierdo– sonrió, aunque sabía que al otro lado del teléfono su editor no podía entender realmente el comentario–. Preferiría dejar el tema para otro día, aunque no sé si esta semana...

–A ver si he entendido bien. Aún no has acabado y necesitas un par de días más.

"Un par de días más, con un par de días más puedo añadir a lo que tengo escrito un par de comas, no sé si bien puestas y alguna que otra frase tan poco afortunada como las que he escrito hasta ahora, pero para acabar necesito, tal y como van las cosas, unos tres años y medio" –se dijo Eva.

–Bueno, yo creo que algo más... – dijo Eva, como midiendo las palabras para no provocar un estallido de ira al otro lado del teléfono.

–Eva, mi paciencia también tiene un límite, y no entiendo qué interés tienes en saber dónde está– Enrique, el editor, había cambiado su afable tono por un tono algo seco y distante.

–Enrique, sé que no tengo ninguna justificación posible... Lo siento de verdad..., pero... –no encontraba ninguna excusa que pudiera valerle a él.

–Eva, no me gustaría que nuestra relación acabara mal después de todo lo que hemos pasado juntos. Creo que siempre he sido comprensivo, cuando has necesitado tiempo, un adelanto, no sé, todo lo que ha estado en mi mano... ¿O no? Y ahora, llevamos ya nueve meses de retraso y sigue sin haber **parto**... Anunciamos tu nueva novela en el catálogo editorial

parto: cuando se consigue terminar algo que cuesta mucho hacer o lleva mucho tiempo, es como parir, tener un hijo.

de primavera y a este paso acertamos, pero con la primavera del año que viene...

Su voz sonaba dolida. No se trataba tanto del típico enfado de editor por no cumplir los plazos previstos. Eva percibía algo más en la voz, pero no era capaz de interpretar el significado.

–Lo siento..., me gustaría poder decirte algo más concreto, pero no creo que te sirva tampoco... ¿Qué prefieres que te diga, que he perdido la inspiración?, porque aunque no lo puedas creer ésa es la verdad...

–Venga, hombre, no me vengas ahora con ésas, llevas quince años escribiendo y has publicado ya **la friolera** de 11 novelas... No querrás que empiece a pensar ahora que tenías un **negro** que ha venido haciendo el trabajo sucio durante ese tiempo..., o que las has traducido de alguna lengua que desconozco..., porque lo que es lo de la inspiración..., vaya, que no, que no me lo creo. Oye, no será que has encontrado otro editor y que no sabes cómo decírmelo..., porque si es así, seguro que llegamos a un acuerdo...

–Enrique, ya te he dicho que no te ibas a creer la verdad, pero lo cierto es que soy incapaz de escribir una línea más. Hace una eternidad que estoy en el mismo punto y nada... Es como si me hubieran echado una maldición... No sé cómo seguir, ni cómo acabar, ni por qué los personajes han hecho lo que han hecho o no han hecho lo que no han hecho, no sé nada. Al principio lo tenía todo clarísimo. Sabía por qué lo de los monos Brazza, ya sabes, te comenté la noticia en **La Vanguardia**, había hablado con Rafael...

–¿Rafael?

–Sí, hombre, Rafa, mi novio... No sé cómo lo haces para olvidarte siempre de su nombre... Bueno,

---

la friolera: coloquialmente, gran cantidad de algo.

negro: persona que escribe libros para que otro las firme.

La Vanguardia: periódico catalán de mayor tirada en España.

pues resulta que tanto su padre como su madre son químicos, y encima su madre trabaja en una empresa farmacéutica y me dio un montón de información sobre vacunas, síntomas, etc. Lo tenía todo clarísimo..., y **de golpe y porrazo**, me quedé en blanco como por arte de magia. Y lo malo es que no sólo soy incapaz de acabar esta novela, sino que creo que se ha agotado la veta para siempre... –a medida que iba hablando se le iba quebrando la voz, como si le costara tanto montar sus pensamientos, como articular las palabras que les daban forma.

–Bueno, **para el carro**, ya veo que la cosa va en serio... No sé qué decirte. Y tampoco sé muy bien si sé cómo ayudarte... Tú dirás. Ya sabes, si puedo ayudarte en algo...

–No creo..., pero de todas formas, mil gracias.

Aquélla no parecía la forma más apropiada de acabar la conversación, pero a Eva se le había acabado la inspiración también en aquel caso. Durante unos segundos sólo se pudo oír el silencio a ambos lados del teléfono.

Enrique **carraspeó** ligeramente y dijo:

–Oye, Eva, si se me ocurre algo, te llamo..., ah, y mientras tanto no te preocupes demasiado...

–Gracias Enrique, eres un amigo.

–Bueno, al menos lo intento, pero a este paso en lugar de una editorial voy a empezar a dirigir una casa de beneficencia..., perdona, ha sido una broma de mal gusto. Venga, hasta luego. Un beso.

–Hasta luego, Enrique, y otra vez gracias, y lo siento.

–**Chao**.

mal sabor de boca: figuradamente, preocupada, de ánimo bajo.

Eva colgó. La conversación le había dejado **mal sabor de boca**. No podía decir no haber encontrado una cierta comprensión por parte de Enrique, pero ella llevaba mal esas cosas. Dar explicaciones, desnudarse ante los demás, mostrar sus debilidades, sus demonios...; no, nunca le había gustado perder su imagen de mujer independiente que tanto trabajo le había supuesto conseguir. Por eso, una vez desaparecido el amor, se había separado de su marido, porque no quería depender artificialmente de nadie, por eso había decidido educar sola a sus dos hijos, Aurelio y Natalia, por eso había mantenido siempre una cierta distancia con Rafael, su pareja actual... Eran muchos los pensamientos que se precipitaban hacia su cabeza y Eva decidió que una buena ducha fría los podía reconducir hacia el desagüe de las ideas. Entró en el cuarto de baño. Los actos cotidianos suelen llevar asociados recuerdos, pensamientos reflejos que nos abordan como si se tratara de piratas del tiempo y nos roban parte de nuestra vida, y de esa manera al traspasar la imaginaria frontera de la puerta, Eva se encontró a sí misma gritando mentalmente aquello de "¡Queréis daros prisa de una vez! Aurelio, deja de **acicalarte** y sal del lavabo. Natalia, acábate el **dichoso** desayuno. Venga, que vamos a llegar tarde. Siempre igual. Es la última noche que os vais a dormir **a las tantas**. Me tenéis harta". Inmediatamente se dio cuenta de que Aurelio y Natalia no estaban en casa. La primera quincena de julio la solían pasar con su padre, y en esta ocasión Eva, cuando aún creía que con tanto tiempo libre podría acabar la novela prometida, le había agradecido

acicalarse: arreglarse, lavarse con mucho detenimiento.
dichoso: coloquialmente, maldito.
a las tantas: coloquialmente, muy tarde.

a Juan que se llevara a los niños dos semanas a los Pirineos. Eva hizo un gesto de autocomprensión y, mientras se quitaba el pijama, pensó lo mucho que estarían disfrutando sus hijos. El chorro de agua fría estuvo a punto de arrancarle un grito. Sintió la helada caricia del agua bajando por su espalda, buscando los más recónditos rincones de su cuerpo. Le gustaba sentirse recorrida y abrazada con aquella rápida y ambigua dulzura. Permaneció varios minutos persiguiendo mentalmente las corrientes de agua que surcaban su cuerpo. Era un relajante juego que había descubierto muchos años atrás y al que solía abandonarse cuando el estrés se apoderaba de ella. La suavidad de la toalla fue devolviendo el calor a todos y cada uno de sus miembros. Puso especial cuidado en no apretar demasiado el pie herido, pero el agua fría parecía haber cerrado la herida. Se miró en el espejo y se encontró guapa, atractiva, interesante. Era la mejor señal de que la ducha había surtido el efecto perseguido. A menudo, se preguntaba si los demás verían como ella veía los **estragos** que el paso de sus cuarenta y cinco años había dejado sobre su cuerpo, pero en aquella ocasión se encontró todo lo atractiva que Rafael le decía que era. Con la alegría que le proporcionaba el convencimiento de su belleza y del amor de Rafael, fue, desnuda como estaba, hasta su dormitorio, abrió el armario y eligió uno de sus vestidos preferidos. Tenía ganas de hacer alguna **travesura**, y decidió que un día de verano bien podía justificar el olvidar para qué servía la ropa interior. La idea le hizo **sonrojarse**, pero estaba sola en casa y necesitaba sentirse viva, salir de la

estragos: efectos negativos.

travesura: hacer algo que no está bien considerado, sobre todo los niños.
sonrojarse: ponerse la cara de color rojo por vergüenza.

prisión a la que la había condenado su propia novela. Se puso el vestido y ante el espejo del dormitorio se pintó los labios de rojo coral. Pintarse los labios era un ritual al que siempre había dedicado una especial atención, probablemente uno de sus actos más íntimos, una especie de rito iniciático que le daba energía para enfrentarse al mundo.

Eva siempre se había dicho a sí misma que cuando alguien hace una locura, lo mejor es afrontar las cosas lo antes posible. Y a ella aquello de salir de casa como una colegiala dispuesta a hacer alguna diablura le parecía precisamente eso, una locura. Así que, **ni corta ni perezosa**, se dirigió a la puerta de la casa que se había convertido en aquel momento en una imaginaria frontera entre la libertad y la prisión que suponía estar en las inmediaciones de la maldita novela. El desayuno podía esperar, y más teniendo en cuenta que un café, un croissant y un periódico eran mejores compañeros fuera que dentro de casa. El teléfono volvió a sonar justo cuando Eva ponía la mano sobre **el picaporte**. A Eva le recordó la sirena de las películas de fugas, pero aquella sirena no levantó ningún **alboroto**. No oyó ladrar a los perros, ni tampoco oyó los gritos de los guardianes de la prisión. "Parece mentira la de tonterías que nos meten en la cabeza las películas", pensó. Dudó unos segundos si coger o no el teléfono, pero al final venció el sentido del deber y el convencimiento de que cuando un teléfono suena alguien puede estar necesitando ayuda.

–¿Sí?

–Hola. ¿Qué hay?

Era Rafael. Eva no sabía si en aquel momento era la persona con la que más le apetecía hablar, pero ya

ni corta ni perezosa: con decisión.

el picaporte: palanca para abrir o cerrar puertas o ventanas.
alboroto: ruido o voces producido por una o varias personas.

era demasiado tarde. Últimamente, las cosas no habían ido muy bien. La novela, o, mejor dicho, el tiempo dedicado a la misma, se había sumado a la lista de problemas que tenía la pareja y su relación pasaba por **horas bajas**. Eva y Rafael se querían, pero solía costarles hacérselo sentir al otro.

–Bueno... –respondió Eva.

–No pareces muy animada. ¿Qué? ¿Otra infructuosa noche en blanco?

Rafael había aprendido a medir muy bien sus palabras para no herir a Eva con alusiones que él no tenía en mente o con críticas que jamás había pretendido hacer, pero en aquella ocasión no contaba con que Eva estaba particularmente hipersensible.

–Podía haber sido peor..., sobre todo con cierta compañía...

Las reacciones de Eva podían ser totalmente desproporcionadas y Rafa no siempre estaba preparado para no sufrir cuando sus palabras o gestos le hacían daño, pero aquel día estaba de un extraordinario buen humor.

–Pues mira, hablando de compañía, se me ha ocurrido una idea genial...

Eva, en silencio, dejó que Rafa continuara.

–He pensado que ahora que tus hijos no están y que parece que estamos en una especie de callejón sin salida..., ya sabes, la novela, lo nuestro, no sé..., igual nos haría bien a los dos escaparnos y pasar unos días lejos de todos y de todo. ¿Qué te parece? A lo mejor cuando volvamos, las cosas se presentan de otra manera. Bueno, ¿qué dices?

–Verás… –Eva, que no esperaba aquella propuesta, no sabía muy bien qué responder.

He encontrado un lugar impresionante, un sitio tranquilo, agradable, nada de calor, paseos por la playa, pescado... Vaya, un paraíso...

–Mira, he encontrado un lugar impresionante. Un sitio tranquilo, agradable, nada de calor, paseos por la playa, pescado... Vaya, un paraíso...

–Yo no estoy para viajes largos... –empezó a decir Eva.

–Nada de eso. ¿Te suena la isla de Bornholm? Está a ciento **y pico** kilómetros de Copenhague y es perfecta, venga, di que sí.

y pico: cantidad indeterminada, que se añade a otra determinada.

Eva no estaba acostumbrada a que Rafa tuviera aquel tipo de iniciativas. De hecho ése era uno de los puntos de fricción que aparecía de forma recurrente en sus discusiones: su falta de iniciativa. Rafa, que era incapaz de imaginar el mundo sin Eva, pretendía vivir día a día. Para él la felicidad no estaba en el futuro, sino en el presente y consistía en disfrutar todos y cada uno de los momentos que pasaban juntos, y era precisamente la suma de presentes lo que hacía el futuro. Eva tenía la necesidad de programar, de saber, de sentirse segura, por eso aquella desaparición de la inspiración la tenía tan desorientada. Seguía dedicándole el mismo tiempo que le había dedicado siempre a la escritura, seguía tratando su trabajo con la misma seriedad de siempre, pero algo se había roto, algo más allá de su control le impedía seguir. Eva necesitaba de un cierto orden en su vida, de un orden "como el de toda la gente", como tantas y tantas veces le había repetido a Rafa, mientras que él intentaba convencerla de que era posible crear un mundo distinto que se rigiera por un orden diferente, por el orden que ellos quisieran aceptar, una especie de tercera vía en un mundo tan **plagado** de dicotomías. La sorpresa había sido tan grata que Eva se puso a contemplar aquella propuesta como algo posible. ¿Y si la locura del día no

plagado: lleno de.

fuera la que ella había previsto, sino aceptar aquella imprevisible propuesta de Rafa? Eva imaginó a Rafa al otro lado del teléfono, a la espera de su respuesta, con una mirada en la que ella sabía que se **albergaba** un sentimiento que nunca había despertado en ninguna otra persona y que era precisamente lo que les había permitido superar tantos y tantos **escollos** en su difícil relación.

–Seguro que es un viaje carísimo y que... –Eva empezó a buscar, sin saber muy bien el porqué, posibles inconvenientes.

–¡Qué va! Vamos en avión hasta Copenhague y desde allí en ferry hasta Bornholm. Y además, como no es un lugar muy turístico, no hay grandes redes hoteleras y se puede buscar alojamiento **en plan** turismo rural. Lo tengo todo controlado.

A Eva le parecía imposible que Rafa lo tuviera todo controlado. Era algo que parecía ir en contra de su carácter, y sin embargo, allí lo tenía, proponiéndole un viaje del que parecía que conocía hasta el último detalle.

–Ya, pero, también están los niños... Yo me he quedado aquí para acabar la novela y...

–Eva, tus hijos lo entenderán. No puedes seguir torturándote delante del ordenador todos los días. Necesitas..., necesitamos un tiempo para nosotros. Seguro que cuando ordenemos ciertas cosas, las otras también se ordenarán. –Rafa, que había tardado mucho tiempo en entender que aquella relación sólo podía seguir adelante si ambos acababan dominando el arte del compromiso, no estaba dispuesto a dar marcha atrás. Estaba convencido de que a Eva le apetecía aquel viaje y que sólo su alto sentido del deber la anclaba a aquel espacio-tiempo en el que se encontraba.

–Mira, ahora nos vamos a Borholm, y a finales de agosto nos vamos una semana a Dubrovnik con los niños.

Por un momento Eva pensó que era imposible lo que estaba oyendo. Rafa se había mantenido siempre a una cierta distancia de la vida familiar de Eva y ahora, de repente... Eva se dijo a sí misma que si en la vida real las cosas podían suceder de aquella manera tan irreal, tan ilógica, a lo mejor en su novela también... Volvía a pensar en su novela y volvía a encontrar hilos narrativos, ideas...

–De acuerdo. ¿Cuándo nos vamos? –dijo Eva con una amplia sonrisa en los labios.

Rafa, que estaba buscando más argumentos para convencerla y que no estaba preparado para oír tan pronto aquella respuesta afirmativa, dijo:

–Ya verás como... ¿Entonces, sí? ¿De verdad? Voy esta tarde a comprar los billetes y salimos lo antes posible. Pero ¿adónde? ¿A Dubrovnik? ¿Sí a Bornholm, a Dubrovnik, a los dos sitios? –Rafa se atropellaba hablando y ello provocó que Eva empezara a reír. –¡Ah! ¿Estabas bromeando, verdad?

–Que no tonto, que no. Que lo digo en serio. A Bornholm y a Dubrovnik, a los dos sitios. Venga, mira lo de los billetes y me llamas. A ver si me voy a arrepentir... –sus últimas palabras habían sonado irónicas y por eso Rafa no les dio mayor importancia. No estaba dispuesto a estropear aquel día con sus típicas dudas y humores.

–Vale, pues después te llamo. Besos.

–Adiós, cariño.

Eva colgó el teléfono y fue a sentarse en su sillón preferido del salón. Sentía una rara paz que no recordaba haber sentido desde hacía mucho tiempo. Sus pensamientos le decían que todos los problemas podían tener solución y se vio con nuevas fuerzas para afrontarlos. Rafa, sus hijos, la novela, aquella que ella había imaginado su última novela –y para colmo inacabada– aparecían desde una nueva perspectiva. Bornholm podía ser un buen lugar para ordenar las ideas y Rafa, que poco tiempo antes no parecía la mejor compañía del mundo, podía ser la mejor de las compañías. Mientras su cabeza se llenaba de ideas, planes, etc., Eva se levantó del sillón y se dirigió a la cocina. Había dejado de apetecerle salir a desayunar fuera. El apartamento ya no era la prisión que había sido durante los últimos tiempos. Su novela, con Eduardo, Laura y Jorge ansiosos por cerrar el círculo de su ficticia existencia, la estaba esperando en el estudio y una buena **rebanada de pan con tomate y jamón** y un café con leche podían ser una magnífica manera de empezar otra vez el día.

rebanada de pan con tomate y jamón: en Cataluña es normal comer así el jamón, también para desayunar.

rellano: tramo horizontal en que termina la escalera. Descansillo de la escalera.

*Efectivamente, algo había ocurrido. Parado en el **rellano** de la escalera, con las llaves en la mano, Eduardo miraba sin comprender la puerta entreabierta de su apartamento, de la que escapaba el leve resplandor de una luz encendida en el interior. Se miró la mano derecha, en la que estaban sus llaves, que había sacado al entrar en el portal, y, entre la niebla de los mojitos cubanos, se preguntó si se habría olvidado de* *cerrar la puerta. "No, imposible" se dijo a sí mismo. Cerrar la puerta era en su caso un movimiento automático. Lo sabía porque en más de una ocasión, ante la duda de haber cerrado o no la puerta de casa, había vuelto tras sus pasos para comprobarlo y siempre se había encontrado aquella frontera de madera que separaba su mundo del resto del universo in-*

indefectiblemente: "sin defecto", es decir, siempre.

***defectiblemente** cerrada. Así había aprendido a confiar en sus actos reflejos, en sus rituales automáticos, y de la misma forma que era incapaz de recordar cuántos botones tenían las camisas que abotonaba todas las mañanas y eso no le quitaba el sueño, sabía que había cerrado la puerta aunque no fuera capaz de encontrar aquella precisa acción en su memoria. Volvió a mirar la puerta con aquella creciente curiosidad*

salpicada: aquí, mezclada.

***salpicada** de temor del que no sabe qué ocurre. En la puerta había un postit amarillo que le había pasado desapercibido al principio; intrigado, se acercó y leyó: "No te*

ilegible: que no se puede leer.

*asustes, no pasa nada, entra", y una firma **ilegible**, pero que parecía empezar por una L.*

Se dio cuenta de que, a pesar de aquel incipiente temor, en ningún momento había sentido sensación de peligro, de que su corazón no latió apresuradamente hasta que adjudicó la "L" a la persona que ocupaba sus pensamientos.

Eduardo entró en la casa. La lámpara del salón estaba encendida, y de allí provenía el resplandor. De espaldas, inspeccionando sus discos, no le costó descubrir la silueta de la propietaria de aquella "L". Laura estaba allí. Sin duda, ella ya sabía que él había llegado, pero quizás quería darle tiempo, o dárselo a sí misma. La sensación de irrealidad que a veces había presidido sus conversaciones con ella invadió a Eduardo. No comprendía qué hacía ella ahí, ni cómo había entrado.

–Hola, ¿vienes mucho por aquí?

El mismo tono entre arrogante e irónico, que delataba un in-

trillado: tópico, tradicional, repetido.

emanar: desprender, emitir.

tento por huir de lo **trillado**, de un natural *"¿Qué haces tú aquí?"*, que habría sonado menos cordial de lo que en realidad quería.
*Laura se volvió pausadamente. Parecía no estar muy segura y al mismo tiempo **emanaba** una sensación decidida.*
–*Es que la música no está mal.*
Una media sonrisa cruzó por el rostro de Eduardo. Laura había valorado algo que para él era importante: la música. Aquella fiel compañera suya de tardes y noches solitarias y de despertares melancólicos le había gustado a Laura, y eso justificaba cualquier sonrisa. Pero la situación acabó imponiendo una seriedad inevitable. ¿Qué hacía Laura allí? No hizo falta que él dijera nada, aquella especie de preocupación que se adivinaba en su rostro hizo que Laura dijera:
–*Te estarás preguntando qué hago yo aquí. Perdona que haya entrado sin avisarte ni nada, como una intrusa. Bueno, vale, soy una intrusa. Pero cuando terminó la reunión me quedé preocupada y estuve pensando algo. Entonces Jorge, sin que yo le dijese nada ni supiese realmente a dónde iba, me tiró las llaves de tu casa: "O poco le conozco o no estará cuando vayas", me dijo.*
–*Vaya con Jorge...*
–*Es un buen amigo, Eduardo.*
–*Ya lo sé.*
Se produjo una pausa. Ninguno de los dos parecía ser capaz de decidirse por utilizar un tono u otro. El miedo a estropear lo que se adivinaba muy cercano era tan grande que las pausas entre una y otra frase se hacían eternas. Casi todo quedaba aún por decirse. Laura intentó ganar tiempo; miraba alrededor.
–*Tu casa es un poco caótica, ¿no?*
Se arrepintió de lo que podría interpretarse como un ataque injustificado y del todo impertinente, dada la situación. Pero

Eduardo estaba más interesado que susceptible y habría perdonado casi todo en aquel momento.

–Bueno, ya sabes: la casa es como su dueño. Además, no subestimes el toque masculino.

Laura sonrió.

–No quisiera ser brusco, pero...

–Sí, ya, claro. Que qué hago aquí, ¿no? Es una pregunta lógica, por supuesto. La gente no entra en las casas de otras personas a las que apenas conoce; sin contar con que además no es que hayamos intimado mucho, porque la verdad es que eres un poco difícil, ¿eh? Más de una vez parecía que teníamos un **diálogo para besugos**, y claro, no es muy normal que yo esté aquí a las doce y...

–Para, para, Laura; tranquila... A lo mejor resulta más fácil...

Ella, sin dejar que él acabara su frase, siguió con su algo parecido a una disculpa.

–Es verdad, perdona; es que estoy un poco nerviosa. Pero, bueno, a lo que iba...

Laura tomó aire. En ese momento, Eduardo creyó poder adivinar lo que ella quería decir y eso le produjo una agradable sensación. Sus ojos empezaron a dejar entrever la alegría que iba apoderándose de él poco a poco.

Laura seguía intentando dar coherencia verbal a sus pensamientos, a sus sentimientos.

–Pues que he pensado que **hemos empezado con un pie raro** y que es facilísimo que esto siga así durante mucho tiempo y, la verdad, no estoy dispuesta. Como mi parte del proyecto no empieza hasta dentro de cinco días, me he acordado de algo que me dijo una amiga y he tomado una decisión; no volveré al laboratorio hasta el martes y he venido a tu casa antes de que se me pase la decisión. Creo que tú y yo, creo que nosotros, es decir, yo creo que si tú quisieras, yo, o sea, nosotros...

diálogo para besugos: conversación absurda, en la que las personas no se entienden bien.

empezar con buen / mal pie: comenzar bien o mal algo.

Eduardo miró divertido todo aquel **galimatías** en el que Laura se encerraba a sí misma. Le intrigaba qué era lo que trataba de decir exactamente, y se descubrió con esa mezcla de nervios y aceptación que otros llamaban ilusión. Levantó la mano.

–Laura, otra vez te estás liando. ¿Qué intentas decirme?

Entonces ella sonrió. Dejó arrinconadas todas las palabras y optó por dejar que fueran los hechos los que expresaran lo que ella tenía en mente. Bajó la cabeza, metió la mano en su bolso y sacó una especie de folleto con lo que parecían ser dos billetes detrás. Con las cejas arqueadas y la sonrisa en la cara, **enarboló** los papeles y dijo:

–Bornholm.

La cara de Eduardo se lleno de un asombro infinito.

–¿Bornholm? ¿Qué es Bornholm?

EXPLOTACIÓN DIDÁCTICA
EJERCICIOS PARA EL ALUMNO

Lecturas de Español es una colección de historias breves especialmente pensadas para los estudiantes de español como lengua extranjera. Los cuentos han sido escritos, teniendo en cuenta, básica pero no únicamente, una progresión gramático-funcional secuenciada en seis etapas, de las cuales las dos primeras corresponderían a un nivel inicial de aprendizaje, las dos segundas a un nivel intermedio, y las dos últimas al nivel superior. Como resultado de la mencionada secuenciación, el estudiante puede tener contacto con textos escritos "complejos" ya desde los primeros momentos del aprendizaje y puede hacer un seguimiento más puntual de sus progresos.

Las aportaciones didácticas de ***Lecturas de Español*** son fundamentalmente dos:

- notas léxicas y culturales al margen, que permiten al alumno acceder, de forma inmediata, a la información necesaria para una comprensión más exacta del texto.

- explotaciones didácticas amplias y variadas que no se limiten a un aprovechamiento meramente instrumental del texto, sino que vayan más allá de los clásicos ejercicios de "comprensión lectora", y que permitan ejercitar tanto otras destrezas como también cuestiones puntuales de gramática y léxico. El tipo de ejercicios que aparecen en las explotaciones permite asimismo llevar este material al aula ampliando, de esa manera, el número de materiales complementarios que el profesor puede incorporar a a sus clases.

Con respecto a los autores, hemos querido contar con narradores capaces de elaborar historias atractivas, pero que además sean –condición casi indispensable– expertos profesores de E/LE, para que estén más sensibilizados con el tipo de problemas con que se enfrenta un estudiante de español como lengua extranjera.

Las narraciones, que no se inscriben dentro de un mismo "género literario", nunca **son** adaptaciones de obras, sino **originales** creados *ex profeso* para el fin que persiguen, y en ellas se ha intentado conjugar tanto amenidad como valor didáctico, todo ello teniendo siempre presente al lector, una persona joven o adulta con intereses variados.

PRIMERA PARTE
Comprensión lectora

1. A continuación tienes un fragmento de la historia que transcurre en una zona muy concreta de Barcelona. Teniendo en cuenta la información que aparece en el texto, dibuja, en el mapa que tienes más abajo, el recorrido hecho por Jorge y Laura.

"... ella había ido conformando en su mente su propia imagen de Eduardo. Jorge había quedado con Eduardo cerca de casa de sus tíos, en la calle Roger de Flor, muy cerca de los juzgados, porque, como siempre, era allí donde Eduardo solía comer todos los miércoles. Todos los miércoles, como le contaría más tarde el propio Eduardo a Laura, porque era precisamente los miércoles cuando solía pasar por el zoo para observar a los monos sobre cuyo comportamiento en cautividad estaba escribiendo su tesis doctoral, y como quedaba muy cerca de la casa de la hermana de su madre aprovechaba para ir a verla, comer decentemente, y discutir de política con su tío. Cuando en el paseo de Lluís Companys torcieron a la derecha en la calle de Buenaventura Muñoz y perdieron de vista el Arco del Triunfo, Jorge soltó:

–Míralo. Ahí está acera arriba y acera abajo... Sólo le falta el bolso...

Laura había dejado de escuchar a Jorge y había dedicado toda su atención a aquel hombre que paseaba nerviosamente delante de una sucursal de la Caixa de Catalunya."

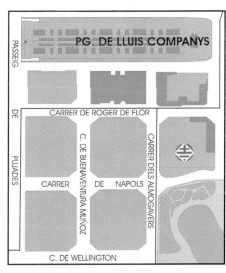

2. En la segunda parte del libro, Eva se despierta frente al ordenador y... A continuación tienes, bajo unos números ordinales, una serie de acciones de las cuales sólo una ha sucedido en la realidad. Elige la respuesta correcta. Mira el texto sólo al final para comprobar si estabas o no en lo cierto.

Primero

1. Eva se bebe un vaso de agua de Vichy justo después de despertarse.
2. Eva para el despertador y busca el teléfono para llamar a Rafael.
3. Eva se despierta al lado de Rafael y se da cuenta de que se ha bebido el agua de Vichy.
4. Eva rompe sin querer la botella de agua al intentar parar el despertador.
5. Eva se despierta en la cama y ve los cristales de la botella de agua de Vichy.
6. Eva coge la botella de Vichy y se sirve un poco de agua en el vaso.

Segundo

1. Eva se acuerda perfectamente de cómo ha transcurrido la noche y de lo que ha hecho.
2. A Eva le cuesta volver a la realidad después de despertarse.
3. Eva pasa todas las noches en su estudio y le gusta despertarse ahí.
4. Eva llama a su editor para decirle que ya ha acabado la historia.
5. Eva se pone a pensar en Jorge y en lo que dirá sobre su historia.
6. Eva se asusta cuando se da cuenta de que el ordenador está apagado.

Tercero

1. Coge agua del vaso y se la echa a los ojos para despertarse.
2. Agarra el despertador enfadada y le echa encima un vaso de agua.
3. Bebe un trago de agua después de haberse frotado los ojos para despertarse.
4. Recuerda que ha apagado el ordenador y no sabe si ha grabado lo que estaba haciendo.
5. Pone en marcha el ordenador para ver dónde ha terminado y mientras espera bebe un trago de agua.
6. Da sin querer un golpe al vaso del agua y lo rompe.

SEGUNDA PARTE
Gramática y vocabulario

3. Hemos recogido toda una serie de expresiones que aparecen en el texto y en las que aparece la palabra "se". Sin embargo, el valor que tiene no es siempre el mismo. Entre todas las frases que aparecen, hay una en la que el "se" tiene valor recíproco. ¿Podrías señalar cuál es?

- ❏ *se **me** pone gallito*
- ❏ *se **le cae** el pelo*
- ❏ *se maldijo*
- ❏ *se **le** ponía la piel de gallina*
- ❏ *se **le** metía algo en la cabeza*
- ❏ *se **dio cuenta** de que las palabras habían ido creciendo*
- ❏ *Eduardo cogió la botella de Torres 10 y **se sirvió** una copa*
- ❏ *se **le** iba quebrando la voz*
- ❏ *se **le** había acabado la inspiración*
- ❏ *solo **se** pudo oír el silencio*
- ❏ ***se miró***
- ❏ *se encontró guapa*
- ❏ *se preguntaba*
- ❏ ***sonrojarse***
- ❏ *se **puso** el vestido, **se pintó** los labios*
- ❏ *Eva y Rafael **se** querían*
- ❏ ***Se me** ocurre algo*
- ❏ *Eva **se levantó** del sillón y **se dirigió** a la cocina*

Escribe otras siete frases en las que aparezcan usos recíprocos de "se" con diferentes verbos.

1. ....
2. ....
3. ....
4. ....
5. ....
6. ....
7. ....

4. En español, como sabes, a pesar de que no hay sustantivos de género neutro, sí existe una forma de artículo neutro: lo. Fíjate en todas estas frases que están construidas con este artículo e intenta hacerlo desaparecer transformando para ello la frase como sea necesario. ¿Cuál es la estructura que hay detrás de cada uno de los usos que aparecen? ¿Conoces alguna otra estructura con el artículo "lo" que no aparezca en los ejemplos? ¿Cuál?

– *"¿¡Ah...!? ¿Eso es todo **lo que** se te ocurre?".*

– *"al pasar una detenida mirada por el cuerpo de Laura vio que esta era muy delgada, **lo que** vestida...".*

– *"– Joder, a ti no hay quien te entienda... Ahora sale con **lo de** los mensajeros...".*

– *"No sin antes pensar que él seguía entendiendo mejor **lo de** las pesetas".*

– *"Porque lo que es **lo de** la inspiración..., vaya, que no me lo creo".*

– *"Sabía por qué **lo de** los monos Brazza, ya sabes, te comenté la noticia en La Vanguardia".*

– *"..., ya sabes, la novela, **lo** nuestro, no sé".*

– *"Venga, mira **lo de** los billetes y me llamas".*

Estructura de uso del artículo neutro "lo"

lo	+	
lo	+	
lo	+	

5. En un cierto momento de la historia, Laura y Eduardo se atropellan al hablar y lo que dicen parece sonar a "Buetenopareycesique...". Detrás de esa imposible secuencia de letras y sonidos, se esconden dos principios de frase: "Bueno, y si ..." y "Te parece que...". Estas dos fórmulas se utilizan en español para iniciar una propuesta. Acaba las dos frases iniciadas y añade al menos tres formas más de proponer cosas en español.

Bueno, y si ....

Te parece que..

....

....

....

¡Fíjate bien en el uso del indicativo y del subjuntivo!

6. A lo largo del texto han aparecido algunas palabras que pertenecen al español hablado en Cataluña y que normalmente son fruto de la influencia allí de la lengua catalana sobre el español. Esas palabras y expresiones han aparecido explicadas en las notas, veamos cómo andas de memoria. Relaciona las dos columnas:

Español en Cataluña	Español estándar
• enchegar • plegar • adéu	• adiós • arrancar, poner en marcha • terminar, acabar

7. Ahora que ya has entrenado un poco, vamos a ver cómo te va con esta famosa canción de Joan Manuel Serrat, cantautor en catalán y en español y en la que el contexto te puede ayudar a entender el significado de las expresiones y poder relacionar las dos columnas que aparecen más abajo. Te puede ayudar saber que la expresión "vale, que..." equivale a "estamos de acuerdo en que...".

Caminito de la obra
(Historia por rumbas)

*Vale, que **se le empasó** el porvenir la **chala**...*
*Vale, que el sol lo ha marcado con hierro de **paleta***
*y que al nacer le pusieron la **trabanqueta**.*

*Vale, que se desayuna con la **barrecha***
pa' arrancarle a la jornada su corazón de lunes
en un bar tempranero de Casa Antúnez.

*Vale, que **enchegará** la mobilé[1].*
Vale, que son almas que zozobran
caminito de la obra.

*Vale, que suben al cielo entre **tocho** y porlan[2]...*
Vale, que lloran sus ojos lágrimas de cemento
viendo escaparse los sueños como los vientos.

Crecen de noche
y en el día se derrumban

---

[1] Tipo de ciclomotor; la marca es Mobylette.
[2] Tipo de cemento.

los sueños que el olvido mece
por rumbas
en tanto llegue
el día de los elegidos
cuando el eco los devuelva
del olvido.

Escampa *en una Vanguardia la fiambrera*
y se festeja con media botella de priorato[3]
y se calienta con sol y permanganato.

Y **arrepenchao** *en la sombra duerme la siesta*
soñando con hacerle, a su capataz, la vaca[4]
y que gane fuera el Betis y el Barça en casa.

Vale, que donde no hay suerte ni calé[5]
vale, que no hay dios que encuentre el Norte
si no le salva un catorce[6]*.*

Vale, que cuando el sol **plega** *y baja el andamio*
vale, que tiene agujetas en su alma **robinada**
y que mañana su historia no habrá cambiado nada.

Crecen de noche
y en el día se derrumban
los sueños que el olvido mece
por rumbas
en tanto llegue
el día de los elegidos
cuando el eco los devuelva
del olvido.

Vale, que se le empasó el porvenir la chala...
Vale, que el sol lo ha marcado con hierro de paleta
y que al nacer le pusieron la trabanqueta.

© *Joan Manuel Serrat*

---

[3] Vino. Denominación de origen localizada en la provincia de Tarragona.
[4] Hacerle la vaca a alguien. Bajarle los pantalones a alguien y humillarle tocándole o escupiendo sobre sus genitales.
[5] Dinero.
[6] Alusión a una especie de lotería –quinielas– relacionada con los resultados de los partidos de fútbol de la liga española.

Español en Cataluña	Español estándar
• empasarse • chala • paleta • trabanqueta • barrecha • enchegar • tocho • escampar • arrepencharse • plegar • robinarse	• poner en marcha, arrancar • extender • ladrillo • tragarse • terminar el trabajo, dejar de hacer • zancadilla • albañil • oxidarse • alcantarilla • mezcla de dos licores (generalmente anís y brandy) • apoyarse

TERCERA PARTE
Expresión escrita

8. Rafael y Eva se van a ir de viaje a Dinamarca. Como Eva no ha dicho nada a su editor, decide escribirle un correo electrónico, contándole, más tranquila, dónde está y los problemas que ha tenido últimamente para escribir, y disculpándose por el retraso en la entrega del libro.

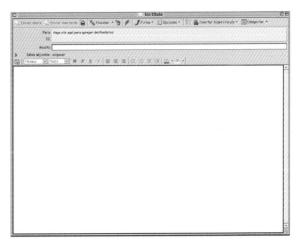

9. Acabas de pasar unos días en un balneario de lujo y el servicio no ha sido todo lo bueno que esperabas. Escribes una carta al gerente del balneario exponiéndole los motivos por los que tu estancia allí no ha sido tan agradable.

10. Imagina que un viejo amigo te propone montar con él un negocio naturista, y te pide que idees una terapia. Piensa en una que no exista y haz un cartel de publicidad sobre esa terapia. Puedes, si lo crees conveniente, describir sus cualidades, los posibles beneficiados, sus usos, etc.

11. Como habrás podido ver, la historia de Laura y Eduardo no está acabada. En grupos, con tus compañeros, escribid un guión de lo que creéis que podría haber pasado.

Poned en común con vuestros compañeros los guiones escritos y escoged de entre ellos el que os parezca mejor a la mayoría. Una vez elegido, intentad escribir en equipos el final de esa historia consensuada.

12. En la historia que está escribiendo Eva aparece una referencia a un establecimiento de gran fama en Barcelona: Boadas. A continuación tienes un texto en el que se habla de cuándo y cómo empezó todo.

Ha pasado mucho tiempo desde que un joven nacido en La Habana (Cuba), inaugurase un pequeño local en una antigua calle barcelonesa.

Nada ha cambiado desde entonces, se ha intentado mantener la misma decoración, idéntica forma de trabajar e incluso perpetuar al mismo ambiente. Ese es el secreto, este pequeño local, se viene manteniendo incólume a lo largo de los años. Como dice el escritor Ignasi Riera: "Es imposible hoy, sin tener presente Can Boadas, hablar de las Ramblas barcelonesas".

Barcelona, que siempre ha sido una capital de crecimiento racional precursora de tantísimas cosas, es también, desde hace años, la capital mundial del arte del cocktail, al poseer un establecimiento único, auténtica institución de rango internacional, como es el BOADAS COCKTAIL BAR.

En este pequeño local, su reducido espacio rezuma intimidad y armonía. Aunque se esté rodeado de gente, en Boadas se tiene la sensación, maravillosa y desconocida de poder sostener una conversación en tono agradable. Podríamos decir que aunque esté lleno, se tiene la magnífica impresión de hallarse a solas, por lo que, sin duda podemos afirmar que constituye un auténtico "oasis ciudadano".

En el mundo existen locales o establecimientos que de alguna manera se asocian a las ciudades y acaban siendo sus símbolos. Así MAXIM'S simboliza París; el FLORIDITA a la Habana; el WALDORF ASTORIA a Nueva York... en esta escogida representación el BOADAS COCKTAIL BAR, es símbolo imperecedero de Barcelona.

Esta es la obra de Miguel Boadas Parera, que creó arte para ofrendar desde Barcelona al mundo la continuidad de su esencia profesional. Boadas fue sin duda alguna, una de las figuras cimeras en el arte de elaborar cocktails. Estaba singularmente dotado para esta difícil labor. Era lo que suele llamarse un artista nato. Tanto es así que hoy día puede hablarse de una prestigiosa y reconocida "escuela" Boadas.

Boadas nació en La Habana, un 24 de octubre de 1895. Hijo de emigrantes catalanes, concretamente de Lloret de Mar, provincia de Gerona, vio la primera luz en una taberna que poseían sus padres en la calle Empedrado, en el casco antiguo de La Habana. Por ello se puede afirmar que el ambiente desde su niñez le fue propicio al que más tarde sería célebre barman, y cuyo historial está vinculado al del famoso FLORIDITA de La Habana, del que fue su primer barman, y del que eran propietarios unos primos hermanos suyos, la familia Sala Parera, allá por los años 10. No es extraño durante su etapa habanera verle servir el palco presidencial del famoso frontón JAI ALAI, o regentar el bar del elitista YACHT CLUB.

Contaba Boadas 31 años de edad, corría a la sazón 1926, cuando sintió el deseo de conocer Lloret de Mar, la cuna de sus padres. Fue durante su estancia en esta bella población de la Costa Brava, cuando conoció a una linda muchacha de nombre María, que sería el gran amor de su vida. Este acontecimiento sentimental tuvo indudablemente sus repercusiones en la vida profesional de Miguel, que decidió establecer su residencia en Barcelona.

Fue de un lado para otro, siempre aprendiendo, captando con su fina sensibilidad los gustos del público, sus reacciones en el ámbito comercial y artístico de aquella época. Fueron testigos de su inquietud profesional establecimientos de prestigio como el "Moka", "Nuria", "Canaletas", "Maison Dorée", etc. símbolos de toda una época. De estas observaciones sacaría buen provecho años más tarde.

Al año siguiente, en 1927, contrajo matrimonio con María Ribas Utset, en la iglesia parroquial de San Román, de Lloret de Mar, fijando su nuevo domicilio en la pintoresca y barcelonesa calle de Regomir.

Boadas trabajó intensamente y si 1927 marcó un hito en su vida sentimental, 1933 incrustó un jalón eterno en su vida profesional. Un 24 de octubre de ese mismo año, la jornada aconteció imborrable, naciendo para la Ciudad Condal la futura catedral del cocktail: el BOADAS COCKTAIL BAR.

Aquel día constituyó un verdadero acontecimiento de trascendencia ciudadana en la Barcelona de aquella época.

[...]

Miguel Boadas Parera falleció el día 2 de Mayo 1967, rodeado de su afligida esposa María y de sus hijos María Dolores y José. Desaparecía una insigne persona que había tenido siempre el concepto hecho frase de Eugenio D'Ors que dice: "La hora pasa, la pena se olvida, la obra queda".

La obra espléndida que nos legó, la "escuela" del cocktail BOADAS COCKTAIL BAR, es una herencia para Barcelona que se perpetúa magníficamente en María Dolores Boadas, su hija.

José Luis Maruenda
www.gingiro.com

La fama de Boadas va asociada, como has podido leer, al mundo de los cócteles. El más famoso en su caso es un clásico entre los cócteles, el Martini Dry. Una de las posibles recetas de este cóctel podría decir:

Ingredientes

- Hielo
- 9/10 Ginebra
- 1/10 Vermouth seco

Mézclese y sírvase en copa de cóctel adornándolo con una aceituna.

Como ves, no resulta muy difícil. Haz con tus compañeros un pequeño librito de recetas de cócteles. Recuerda que no todos los cócteles llevan alcohol. Como modelo, te puede servir esta ficha:

Nombre: ....
Ingredientes: ....
....
....
....

Forma de preparación: ....
....
....
....

CUARTA PARTE
Expresión oral

13. Ahora que ya conoces el final de la historia, ¿coincide con tu hipótesis inicial? (Mira lo que escribiste en el apartado *Antes de empezar a leer*). Comenta con tus compañeros qué te ha llevado a pensar al principio lo que pensabas y en qué medida te parece coherente y justificado lo que ha pasado en la historia.

14. En dos ocasiones se habla del placer y la sensación de bienestar que les produce a Eduardo y a Eva darse una ducha. ¿Crees en la medicina no convencional? ¿Dirías que la hidroterapia pertenece a ese tipo de medicina? En el siguiente texto tienes información sobre esta terapia, que es más antigua de lo que piensas. Comenta con tus compañeros lo que piensas sobre las medicinas alternativas. ¿Se trata de una moda? ¿Ha superado la medicina moderna todas esas "extrañas" creencias de tiempos antiguos? ¿No crees que la medicina moderna se ha olvidado con demasiada facilidad de las ventajas que tiene la medicina natural?

HIDROTERAPIA
{f.} Terap. Método curativo por medio del agua.

[Medicina] Utilización del agua en el tratamiento de las enfermedades, principalmente en forma de baños de agua caliente o fría, duchas, e incluso abluciones.

La creencia en una fuerza curativa del agua y en sus propiedades terapéuticas, existe desde la antigüedad. Ésta ha sido aprovechada para darse baños en manantiales de aguas termales, baños de vapor, y bebida como agua mineral.
Más tarde, se popularizó la aplicación de agua fría con fines terapéuticos, por los médicos alemanes del siglo XVIII. Ya en siglo XIX, destaca el médico alemán Vincenz Priessnitz, por ser el primero en construir un sanatorio de agua fría. Tras probar él mismo los resultados de su método (se curó de pulmonía y rotura de

costillas), procedió a tratar a sus pacientes con hidroterapia. En 1824 comenzó a prescribir baños fríos precedidos de sudoración, e introdujo también las duchas frías en los tratamientos.

El agua fría resulta ser, para los médicos de esta época, una panacea que les permite luchar con éxito contra las enfermedades febriles. Así, se prescriben baños fríos para enfermedades como el tifus, sarampión, escarlatina, y chorros de agua fría para combatir el reumatismo de cadera. Los procedimientos se llevaron a cabo incluso en manicomios, al considerarse la demencia una inflamación del cerebro y, en forma de abluciones, para combatir la sífilis, entre otras enfermedades.

Actualmente, la hidroterapia tiene muchas aplicaciones; se utiliza tanto fría como caliente, en este último caso para relajar las contracturas musculares y ciertos dolores. Los baños de asiento, de agua caliente, constituyen un tratamiento excelente para las hemorroides. Además, la hidroterapia se combina con masajes y otros métodos fisioterapéuticos, para obtener mejor calidad en los resultados.

Enciclopedia Universal Multimedia ©Micronet S.A. 1999/2000

15. En varias ocasiones se habla de las vacaciones y los viajes. ¿Tú que prefieres? ¿Turismo rural u hoteles de cuatro estrellas? ¿La playa o la montaña? ¿Mandar a los niños de campamento o llevártelos contigo de vacaciones a Florencia? Coméntalo con tus compañeros.

16. Cuando se acercan las vacaciones, solemos buscar lugares para desconectar de nuestra vida habitual. En la historia que acabas de leer, aparecen varios destinos turísticos: los Pirineos, Bornholm, Dubrovnik... Comenta con tus compañeros tus preferencias en cuestión de vacaciones. ¿Qué tomas en consideración? ¿Cómo preparas tus viajes? ¿Tienes algún destino preferido?

17. El modelo familiar ha cambiado en los últimos tiempos. Casos como el de Eva ya no sorprenden a nadie en nuestros días. En las tablas que figuran a continuación tienes una serie de datos que reflejan claramente ese cambio de modelo. Después de familiarizarte con ellos, comenta con tus compañeros a qué atribuyes las causas de ese cambio. ¿Crees que sucede lo mismo en tu país?

CUADRO 1
CARACTERÍSTICAS DE LA FORMACIÓN DE LAS UNIONES CONYUGALES
EN ALGUNOS PAÍSES DESARROLLADOS 1970 – 1999 [1]

		Alemania.	Francia	Noruega	Canadá	EUA
Proporción de casados a los 50 años (por ciento)						
Hombres	1970	0.919	0.915	0.920	.835	0.827
	1999	0.528	0.557	0.545	.582	ND
Mujeres	1970	0.978	0.920	0.956	0.631	0.804
	1999	0.598	0.567	0.600	0.631	ND
Edad promedio al casarse (años)						
Hombres	1970	26^2	25.3^2	24.9^2	24.4^2	23.5^2
	1999	31.8^4	26.0^4	32.9^4	28.9^2	28.7^2
Mujeres	1970	21.4	23.0	21.9	22.0^2	21.5^2
	1999	29.6^4	27.2^4	28.4^4	26.2^2	26.0^2
Matrimonios que terminan en divorcios (por ciento)						
Ambos sexos	1970	15.8	12.5	13.3	29.3	
	1999	38	35.5	40.4	38.4	44^3
Edad promedio a la maternidad (años)						
Mujeres	1970	27.5	27.5	28.2	ND	26.1
	1999	27.7	28.3	28.6	ND	27.1
Nacimientos fuera del matrimonio						
Ambos sexos	1970	7.2	6.8	6.9	9.6	10.7
	1999	21.6	40.7	49	25.5	33

[1] Sardon (2000).
[2] ONU (1990).
[3] Cifras para Canadá, Adams y Nagur (1988).
[4] ONU (2000).

CUADRO 2

LA UNIÓN LIBRE EN AMÉRICA LATINA: COMPARACIONES 1960-1990 Y 1990-2000*

	1970[2]	1975[2]	1980[2]	1990[2]	2000[1]		Incremento promedio anual (por ciento) 1960-1990	Incremento promedio anual (por ciento) 1990-2000
Países con unión libre que es inferior a 20 por ciento de la nupcialidad general								
Argentina	6.2	13.1		5.9	21.1	20.4[4]	0.50	-0.07
Chile	6.7	5.3		7.9	11.6		0.16	
Brasil	7.0	8.0		13.8	15.3	33.2	0.28	1.79
México	17.3	16.9	14.0	15.3	15.3	12.6	-0 07	-0.27
Costa Rica	15.3	17.8	18.6	20.8	21.0	16.8	0.19	-0.42
Uruguay	8.5	10.2	8.8	15.0	12.6		0.14	
Países con unión libre que varía entre 20 y 40 por ciento de la nupcialidad general								
Paraguay	28.2	26.9	32.4	24.7	29.2		0.03	
Nicaragua	33.4			56.3			0.76	
Cuba		37.5		39.9				
Ecuador	26.3	28.9	30.2	30.9	29.6	20.8[4]	0.11	-0.88
Perú		32.1	29.0	31.0	32.1			
Bolivia				22.1		14.8[4]		-0.73
Colombia	20.2	21.5	21.5	34.9	45.9		0.86	
Países con unión libre superior a 40 por ciento de la nupcialidad general								
El Salvador	50.1	54.9		56.4			0.21	
Honduras	45.0			50.1			0.17	
Guatemala	59.7	54.8		46.5	40.1		-0.65	
Panamá	50.6	58.3	52.0	59.8	53.6	33.6	0.10	-2.00
R. Dominicana	57.7	54.2	63.2	61.0	59.7		0.07	
Venezuela	40.3	33.7	34.0	33.9	34.8		-0.18	

*. Población femenina de 15 a 49 años con base en datos censales.
Fuentes:
[1] Datos censales.
[2] Rosero Bixby (1996).
[1] Quilodrán, Julieta (1985).
[3] Quilodrán, Julieta (1999).
[4] Datos censales del 2001 y en el caso de Ecuador se utilizó la población femenina total de 18 años y más.

SOLUCIONES

Antes de empezar a leer

2. *cuento*: moraleja, trama
novela: capítulo, trama, epílogo
drama: escena, acto
artículo: columna, fecha, titular
poesía: verso
ensayo: capítulo, introducción, epílogo, prólogo
manual: introducción, índice, capítulo
diario, periódico: columna, fecha, titular
enciclopedia, diccionario: entrada, prólogo

7. "Escritor" no es un término literario.

Párate un momento

1. a) Pedro Guerra, b) J. Sabina, c) Lluis Llach, d) JM Serrat, e) Chico Buarque, f) P. Milanés, g) A. Prada.

6. 1, *f.* 2, *d.* 3, *a.* 4, *g.* 5, *e.* 6, *b.* 7, *c.*

7. Comienzo de una acción: 1, 3, 4.   Comienzo repentino: 2, 5.

8. No, porque *romper a* y *echarse a* indican acción repentina y se utilizan especialmente con verbos de movimiento y de acción correspondiente a sentimientos (*llorar, reír, gemir*, etc.). En cuanto a *ponerse a* indica comienzo de una acción y, por lo tanto, es inadecuado para *caerse*, que es una acción instantánea.

9. tener memoria de elefante
tener cuello de jirafa
estar como una foca
tener orejas de burro
ser astuto como un zorro

ser fiero como un león
ser lento como una tortuga
ser escurridizo como un pez
ser más rápido que una liebre

10. En las frases que se presentan, y sin que tenga un carácter generalizador, los distintos usos son los siguientes:

a. Para presentar una conclusión, resumir algo
b. Para expresar sorpresa
c. Para expresar cierto interés o atracción; admiración, sorpresa
d. Petición, ruego
e. Para cerrar un tema
f. Para animar, o meter prisa
g. Aclaración, explicación

EXPLOTACIÓN DIDÁCTICA

3. "Eva y Rafael se querían"

A modo de ejemplo, podrían servir estas frases:
Mis primos se pelean día sí, día no.
Carmen y Pedro no se hablan desde hace años.
Estoy pensando en cambiar de casa, si vieras como se insultan mis vecinos, lo entenderías...

4. En los ejemplos recogidos encontramos tres estructuras con el artículo neutro "lo" y que obedecerían a los siguientes modelos:

lo	+	que
lo	+	de
lo	+	adjetivo

Podemos encontrar el artículo "lo" también en otras construcciones, como por ejemplo "lo + adverbio".

5. ¿Qué tal si...?; ¿Por qué no...?; ¿Te apetece...?

6. Enchegar: arrancar, poner en marcha; plegar: terminar, acabar; adéu: adiós.

7. Empasarse: tragarse; chala: alcantarilla; paleta: albañil; trabanqueta: zancadilla; barrecha: mezcla de dos licores (generalmente, anís y brandy); enchegar: poner en marcha, arrancar; tocho: ladrillo; escampar: extender; arrepencharse: apoyarse; plegar: terminar el trabajo, dejar de hacer; robinarse: oxidarse.

TÍTULOS DISPONIBLES

LECTURAS GRADUADAS

I-I Muerte entre muñecos
Julio Ruiz
ISBN: 978-84-89756-70-0

I-II Memorias de septiembre
Susana Grande
ISBN: 978-84-89756-73-1

I-I La biblioteca
Isabel Marijuán Adrián
ISBN: 978-84-89756-23-6

I-I Azahar
Jorge Gironés Morcillo
ISBN: 978-84-89756-39-7

I-II Llegó tarde a la cita
Víctor Benítez Canfranc
ISBN: 978-84-95986-07-8

I-II En agosto del 77 nacías tú
Pedro García García
ISBN: 978-84-95986-65-8

I-II Destino Bogotá
Jan Peter Nauta
ISBN: 978-84-95986-89-4

E-I Amnesia
José L. Ocasar
ISBN: 978-84-89756-72-4

E-II Paisaje de otoño
Ana M.ª Carretero
ISBN: 978-84-89756-74-8

E-II El ascensor
Ana Isabel Blanco
ISBN: 978-84-89756-24-3

E-I Historia de una distancia
Pablo Daniel González-Cremona
ISBN: 978-84-89756-38-0

E-I La peña
José Carlos Ortega Moreno
ISBN: 978-84-95986-05-4

E-II Manuela
Eva García y Flavia Puppo
ISBN: 978-84-95986-64-1

E-I Carnaval
Ramón Fernández Numen
ISBN: 978-84-95986-91-7

I-II Las aventuras de Tron
Francisco Casquero Pérez
ISBN: 978-84-95986-87-0

S-I Los labios de Bárbara
David Carrión
ISBN: 978-84-85789-91-7

S-II Una música tan triste
José L. Ocasar
ISBN: 978-84-89756-88-5

S-I El encuentro
Iñaki Tarrés Chamorro
ISBN: 978-84-89756-25-0

S-I La cucaracha
Raquel Romero Guillemas
ISBN: 978-84-89756-40-3

S-I Mimos en Madrid
Alicia San Mateo Valdehíta
ISBN: 978-84-95986-06-1

S-II La última novela
Abel A. Murcia Soriano
ISBN: 978-84-95986-66-5

S-I A los muertos no les gusta la fotografía
Manuel Rebollar
ISBN: 978-84-95986-88-7

HISTORIAS DE HISPANOAMÉRICA

E-II Regreso a las raíces
Luz Janeth Ospina
ISBN: 978-84-95986-93-1

E-II Con amor y con palabras
Pedro Rodríguez Valladares
ISBN: 978-84-95986-95-5

E-I Presente perpetuo
Gerardo Beltrán
ISBN: 978-84-9848-035-1

HISTORIAS PARA LEER Y ESCUCHAR (INCLUYE CD)

E-II Manuela
Eva García y Flavia Puppo
ISBN: 978-84-95986-58-0

I-II En agosto del 77 nacías tu
Pedro García García
ISBN: 978-84-95986-59-7

S-II La última novela
Abel A. Murcia Soriano
ISBN: 978-84-95986-60-3

E-I Carnaval
Ramón Fernández Numen
ISBN: 978-84-95986-92-4

I-II A los muertos no les gusta la fotografía
Manuel Rebollar
ISBN: 978-84-95986-90-0

E-II Regreso a las raíces
Luz Janeth Ospina
ISBN: 978-84-95986-94-8

E-II Con amor y con palab
Pedro Rodríguez Valladares
ISBN: 978-84-95986-96-2

E-I Presente perpetuo
Gerardo Beltrán
ISBN: 978-84-9848-036-8

Niveles:

E-I → Elemental I

E-II → Elemental II

I-I → Intermedio I

I-II → Intermedio II

S-I → Superior I

S-II → Superior II